organic
beauty

オーガニック美容法

真の美肌を保つ
安全な化粧品と
メイクアップ

ジョゼフィーン・フェアリー 著

今井 由美子 訳

Managing Editor Gillian Roberts
Managing Art Editor Tracey Ward
Category Publisher Mary-Clare Jerram
Art Director Tracy Killick
DTP Designer Louise Waller
Production Manager Maryann Webster

Photographer John Davis
Stylist Liz Hippisley
Models Jo Whitaker at M&P Management Plc
Caroline Barton at Storm

First published in Great Britain in 2001 by
Dorling Kindersley Limited,
9 Henrietta Street, London WC2E 8PS

Copyright © 2001 Dorling Kindersley Limited, London
Text copyright © 2001 Josephine Fairley

Japanese translation rights arranged with
Dorling Kindersley Limited, London
through Tuttle-Mori Agency, Inc., Tokyo

本書に使用した紙は、環境破壊に結びつかない森林資源を利用しています。
また酸や塩素による漂白をおこなわず、リサイクル可能で、生物分解性です。

不許複製：本書の一部または全部を無断で、いかなる形式・手段であれ、
電子的、機械的に複写・複製すること、
ならびにコンピュータ上の記憶、検索装置に取り込むことは、著作権の侵害となります。

Printed and bound in Italy

目次 contents

- 6　**オーガニックな美容法とは？**
- 8　美容上の利点
- 10　化学成分の問題点
- 12　オーガニック化粧品とは？
- 14　避けたい成分
- 16　成分表示を読む
- 18　手作りの基本ルール

- 20　**日常のケア**
- 22　美肌の敵
- 24　お手入れはシンプルに
- 26　年齢に合った化粧品
- 28　洗顔と整肌
- 30　クレンジングと化粧水
- 32　モイスチュアライザー
- 34　自然のサイクルを活かす
- 36　紫外線対策
- 38　日焼けと虫さされの対処法
- 40　手作りパック
- 42　つぼマッサージ

- 44　**フェイシャル・ビューティ**
- 46　オーガニック・メイクアップ
- 48　ファンデーションの秘密
- 50　チークカラー
- 52　疲れ目をいやす
- 54　アイメイク
- 56　必須のリップケア
- 58　天然のリップカラー
- 60　ピュアホワイトの笑顔
- 62　歯磨きとマウスウォッシュ

- 64　**体の内側をきれいに**
- 66　健康な肌を作る食生活
- 68　健康ジュース
- 70　運動が美肌を作る
- 72　水の効果

- 74　**ナチュラルなヘアケア**
- 76　オーガニックなヘアケア商品
- 78　トラブルヘアのお手入れ
- 80　ドライヘア／カラーリングヘア
- 82　ノーマルヘアのお手入れ
- 84　オーガニック・ヘアカラー
- 86　ヘアカラーの作り方
- 88　ヘッドマッサージ
- 90　健康な髪を作る食事

- 92　**手足を美しく**
- 94　手の緊張をほぐす
- 96　ハンドケア
- 98　爪の健康
- 100　ネイルケア
- 102　フットマッサージ
- 104　フットケア

- 106　**オーガニックなバスタイム**
- 108　オーガニック・ボディケア
- 110　バスグッズとバスソルト
- 112　ボディスクラブ
- 114　ボディオイルとパウダー
- 116　ホーム・スパ
- 118　ナチュラル・デオドラント剤
- 120　オーガニックな香水

- 122　問い合わせ先
- 126　用語解説
- 127　索引

体に取り込む食べ物のことが気がかりなあなたは、体につけている化粧品についても、気になり始めていることでしょう。「オーガニックな美容法」とは、有機農法による食品の摂取、すなわちオーガニックな食生活の次のステップです。スキンケアやボディケア製品が、皮膚から直接

オーガニックな美容法とは？

吸収されて血液に流れ込んでいることを考えれば、食事の次に重要であることがお分かりになると思います。また、美容面という個人的な利点に加えて、地球の生態系に悪影響を及ぼすことなく生産された商品を使うという面でも、オーガニックな美容法には価値があります。

benefits
in beauty terms

美容上の利点

自然には、地球環境に悪影響を及ぼすことなく収穫でき、美肌を保つ素晴らしい成分をもつ素材があります。こういった要素を理解すると、美容に対するオーガニックなアプローチというものが分かりやすくなります。

日頃から、体に取り込んでいる食べ物のことを気にしているあなたは、体につけている化粧品についても、気になり始めていることと思います。有機栽培による食材を選ぶ、オーガニックな食生活の必然的な次のステップが、オーガニックな美容法です。なぜなら、私たちが皮膚に何かをつけるということは、皮膚に必要な「食事」を与えているのであり、皮膚は、モイスチュアライザーやメイクアップ、ボディケア用品、シャンプーなどの成分を飲み込んでいることになるからです。

そう遠くない過去、皮膚とは一方通行であると、医者は異口同音に語っていました。つまり皮膚は、汗や毒素は排出するけれど、流体を通さないレインコートのような働きをし、一切何も取り込まないバリアであると明言していたのです。しかし、この考えは覆されました。今では皮膚につける薬の種類が増えています。皮膚につけると、薬の成分が容易ですみやかに血中に流れ込むからです。ホルモン剤やニコチンパッチもその例です。昨今、アロマセラピーが気分を変え、生活の質を向上させるという効果が認められています。しかしその効果は、心地よい香りのもたらす心理的影響だけでなく、治療効果のあがる量の植物エッセンスが、皮膚を通して体内に吸収されているからなのです。「ハーブ・リサーチ・ファウンデーション」のボブ・マッケーリヴのような専門家は、「皮膚につけたものは、最高で60パーセントの量が血液に流れ込む」と語ります。聖セバスティアヌス教会の牧師であり、またオーガニック原料によるスキンケア商品メーカーの社長も務めるドクター・ハウシュカは、次のように述べています。「通常、女性が60年あまりの間に血中に取り込んでいる保湿成分は、トータルで14キロ以上です。保湿成分のみでこの数字なのです。化学物質のカクテルが、長期的に人体にどのような影響を及ぼすのか、まだわかっていません」。

日常ケアに天然成分を

あなたが食生活から化学物質を排除しているなら、当然、美容についても同様に考えるべきでしょう。また、あなたが環境問題に関心を寄せているなら、環境破壊につながらない化粧品を探すことが理にかなっています。例えば、大量に流通している化粧品には遺伝子組み替え原料（GMO）——通常は、とうもろこしや大豆から抽出された成分——が使われています。また、鉱物油や石油から取れるペトロラタム（ワセリン）を主要な原料としているものもあります。これらは、再生可能資源ではありません。しかし鉱物油や石油製品に頼らなくとも、自然は美肌を保つための素晴らしい原料を、毎年毎年生み出してくれるのです。それらを使えば、地球上の生態系に影響を及ぼすこともありません。

あなたのスキンケア、ヘアケア、ボディケアが100パーセントナチュラルであることを確信できる方法がひとつあります。純正な材料を使って、自分自身で化粧品を作るのです。これなら間違いありません。市販の化粧品で通常使われている量よりも多く、質の高い植物成分を混ぜることが可能ですし（市販品の多くは、水を足してかさを増しています）、お金も節約できます。あなたが、お店で手にしている化粧品の価格には、輸送、包装の経費や税金が含まれています。たいがいの場合、莫大な広告費も価格をつりあげています。というわけで、この本で紹

介している簡単で楽しい化粧品作りにトライしてみてください。世界一信頼のおける、美容効果の高い成分が、実はキッチンの食品庫や自宅のハーブガーデンに存在していることが、間もなく分かるでしょう。

市販の化粧品

しかし現実的に考えれば、忙しいスケジュールの合間を縫って、毎日ミキサーで化粧品を作る時間が取れるとは限りません。ですから、食品会社が消費者のニーズに合わせて自然食品を提供し始めたのと同様、起業家精神あふれる化粧品会社が、保存料や化学物質を可能な限り排除した化粧品シリーズを発売している、という事実は、私たちにとって朗報です。

　よくあることですが、天然、もしくはオーガニック原料といううたい文句が、精査すれば通用しない商品を売り出しているメーカーがあります。なぜなら、化粧品を含む「オーガニック」の規定がいまだに明確に定義されておらず、真の純正とは何で、何がそうでないのか、区別が難しいことが理由です。本書では、「自然化粧品」という美の迷宮から、真に純正な商品を生産している化粧品メーカーの方向に、あなたを導くお手伝いをすることを目指しています。

　しかし、オーガニックな美容法とは、単に肌につけるものにとどまりません。ホリスティックなアプローチを指すのです。すなわち体によい食品を摂り、よく眠り、よく体を動かすことも大切です。運動すれば、肌をイキイキさせるだけでなく、精神や、肉体すべての機能にも活力を与えます。

　本書は、正しいオーガニック美容法をお教えするだけでなく、あなたの外見と気分をよりよくするための、ささやかなライフスタイルの改革についてもアドバイスしていきます。

natural
health issues

化学成分の問題点

ほとんどすべての化粧品やスキンケア商品には、在庫商品の有効期限を長くする目的で、保存料が使われています。保存料のもつ潜在的な危険性を排除するため、よりナチュラルな商品を選ぶにはどうすればよいのでしょうか？

食品に含まれている化学物質が、私たちの健康に長期的にどのような影響を及ぼすのか明らかになっていないのと同様に、ごく一般の女性が毎日肌につける、数多くの化粧品の人体への影響もよくわかっていません。危険性を騒ぎ立てたり、洗面所のキャビネットの中身をごみ箱行きにするのではなく、化粧品類に含まれている成分ひとつひとつの安全性に疑問があるという点を意識していることが大切なのです。複数の商品を使った際の「カクテル」効果に関しては、ここでは触れずにおきましょう。

疑問のある成分

コールタールを原料とし、メークアップや、スキンケア商品に使われている合成色素は、口から体内に入ったときだけでなく、肌につけた場合にも発ガン性があることが明らかになっています。また、ヒリヒリとした刺激を起こす原料もあります。安全で肌にやさしいというイメージから私たちが購入している「低刺激性」化粧品やベビーケア商品にも、いまだにこの原料が使われています。広く使用されている数種類の保存料にも不安があります。右ページを参照してください。

日々あまりに多くの危険と向かい合っている現代人にとって、口紅がもたらす健康への影響は、「不安リスト」の中でかなり低い順位につけていると言えるでしょう。しかし、生態学的理由から、できる限り化学物質に身をさらさないようにしようと考えている方や、例えばガンを患い、化学物質を避けるライフスタイルを指示されているような場合（妊娠中や妊娠を考えている女性には、なぜ同様のアドバイスがないのか理解に苦しみます）は、「天然」の食品を摂るのはもちろんのこと、体につけるものも「天然」にすることを、何よりも優先させることが大切です。皮膚から吸収されたものも含めて、350種類の化学物質が母乳から検出されたというニュースが、新聞で大きく報じられている時代です。

知っていること、それがすべてなのです。そして成分表示を読むことで、どんな化粧品をポーチに入れ、洗面所の棚に並べるか、より多くの知識をもって選ぶことが可能になります。少なくともヨーロッパで販売されている化粧品は、成分表示をラテン語で表記することになっています。天然の成分まで難解なラテン語名で書かれていることが、天然成分と化学物質を区別することを、いっそう難しくしています。

なぜ、保存料が必要？

水分が含まれている化粧品には、腐敗を防ぐために保存料が添加されています。保存料、すなわち防腐剤を加えないと、クリーム、ジェル、ローションは細菌で汚染されてしまいます。もし汚染された商品が目に入れば、深刻な感染症を引き起こしかねません。化粧品の安全性は食品よりも厳しく管理されており、有効期間が7年にも及ぶ商品があるほどです。

化粧品を使用する際の健康面で不安は、この保存料の問題が大部分を占めます。アレルギーを誘発しやすく、肌を刺激する成分の中には、微量のホルムアルデヒドを放出するものがあります。このホルムアルデヒドとは、皮膚を刺激するだけでなく、神経毒や発ガン性をもつ物質です。ホルムアルデヒドを排除してい

る化粧品メーカーもありますが、ごく少数です。化粧品とスキンケア商品に含まれている、危険性をもつ成分については、16ページをご覧ください。

長期的な影響

ホルムアルデヒドをベースとしない保存料のパラベンは、比較的、皮膚への刺激が少ないグループです。その結果、化粧品の99パーセントにパラベンが使われています。パラベンには数種類あり、化合物の種類によって、メチルパラベン、エチルパラベン、プロピルパラベン、ブチルパラベンの4種類があり、このいずれかが化粧品のラベルに表示されているはずです。確かにホルムアルデヒドをベースとした保存料より危険性は低いのですが、パラベンの安全性に疑問を投げかける報告が最近ありました。妊娠中の女性の皮膚から吸収されたパラベンが引き起こす問題についての調査報告です。その中で、男の子が生まれた場合、その子が将来、男性不妊となる可能性が明らかにされています。環境における発情促進物質を専門に研究している、英国ブルネル大学のジョン・サンプター教授は、過去数十年間、化粧品業界でパラベンが幅広く使用されてきたことを考えれば、この調査結果を重く受け止めねばならないと述べています。パラベンは、精子数を減らしたり、乳ガンの罹患率を高める作用があると指摘されています。

　化粧品に含まれる保存料を避けるための、もっとも単純な方法は、化粧品を手作りすることです。もし材料に水が含まれていたら——水は細菌を殖やし、感染症を引き起こします——できあがった化粧品は冷蔵庫で保存し、細菌感染のリスクを避けるために、できるだけ早く使い切ってください。もしくは、より天然に近い保存料を使用した市販の化粧品を探しましょう。例えば次のようなものがあります。グレープフルーツ・シード抽出物、フェノキシタノール、カリウム・ソルベート、ソルビン酸、トコフェノール (ビタミンE)、ビタミンA (レチノール)、ビタミンC (アスコルビン酸)、ベンゾイン樹脂 (安息香)、ピクノゲノール (強力な酸化防止剤)。

オーガニック化粧品とは？

genuine organic products

真のオーガニック製品を見極めようと、

陳列されている商品をくまなくチェックしても混乱するばかりです。

商品選びの際に避けるべき成分や、オーガニック製品の見分け方をお教えしましょう。

私たちがオーガニック食品を買う場合、それは間違いなく有機農法によるものだという安心感があります。包装に、オーガニックの証である認証マークがついており、成分表示もされているからです。「オーガニック」と表示されている食品は、有機無農薬栽培による原料を95パーセント以上使っていなければなりません。しかしボディケア用品の場合、「オーガニック」という表示は正しいのかどうか、たやすく見分けることはできません。「オーガニック」という言葉を使っていても、ごく少量の有機栽培ハーブの成分を含んでいるというだけで、保存料や化学物質が山盛りの商品も見受けられます。これまで、化粧品や石けん、歯磨きのたぐいには実質上、法基準がありませんでした。しかし、英国の「ザ・ソイル・アソシエーション」のような認証団体が、現在基準作りを進めています。

では、真のオーガニックの商品か否か、どうすれば見分けることができるのでしょうか？　メーカーによっては、ラベルにオーガニック成分の使われているパーセンテージが表示されています。これならわかりやすいのですが、もし表示されてなかったら、成分表を確かめてください。オーガニック成分の部分には、シンボルマークをつけているメーカーもあります。理想を言えば、成分表の下のほうではなく、できるだけ上にオーガニックの成分が表示されている、つまり主要な成分になっているとよいのですが……。また、「殺虫剤不使用」という言葉にも注意が必要です。その商品は、オーガニック成分を表示しているかもしれませんが、化学肥料を使っている可能性があります。さらに厄介なのは、この「殺虫剤不使用」という表示には何ら法的な定義がないため、無意味に近いという問題があるのです。もし商品に疑問があるなら、メーカーに、オーガニックと表示している原料の証明ができるかどうか、問い合わせしてみましょう。何も隠し立てする必要のないメーカーなら、迅速に対応してくれるはずです。

本書のアドバイスは、市販されている商品の中から、本物の「自然」化粧品を見つけだすのに役立つでしょう。そして、各商品の宣伝文句を理解し、そのうちのどの商品がまがいものであるか見極める助けになると思います。

原材料が「野生」とは？

ラベルに「野生」「自生」と表示されているものを見かけることがあります。農作物ではなく、自生している植物を摘み取って原料にしているという意味です。このような原料はオーガニックと認められません。その理由は、自生地には、耕作地と同じ規制がかけられないからです。噴霧された殺虫剤が風に流され、野生の植物に影響を与えている可能性があります。ただし原料が植物であることは確かです。少なくとも研究所で化学合成されたものではありません。

ingredients
to avoid
避けたい成分

自然化粧品とうたわれていたら、必ずチェックすべき点には何があるでしょうか？

まず遺伝子組み替え原料、動物実験、過剰包装は絶対に避けたいものです。

では、その方法を説明しましょう。

ラテン語。学生時代、多くの人が苦手としていた科目です。今では化粧品のラベル上で私たちを悩ませていますが、ヨーロッパ連合で販売されている化粧品は、ラテン語で成分表示するよう法律で定められています。わかりやすく訳語をつけてくれているメーカーもあります。その点、米国の商品は悩まずにすみます。植物成分は、アーモンドオイルとか、グレープシードオイルというように、理解できる名前で表示されているからです。

本書P.126の用語解説では、植物成分の全リストとそのラテン語名を収めました。オーガニック・ビューティを目指すあなたが避けるべき成分、もし市販の商品を買うとしても、必ずチェックし避けたい化学物質をP.16に掲載しました。

化粧品のボトルやチューブの前面に「自然」「天然」と書かれていても、真に受けないことです。容器をくるりと回し、成分表をチェックしましょう。天然成分が成分表の上位を占めているかどうか、確認することが大切です。化学物質名が連なるリストのおしまいにようやく顔を出すのでは、ほとんど意味がありません。

「自然派」を主張している商品の多くは、化学物質の合成品に、微量の「天然」香料を配合しているに過ぎません。

ラベルを読みこなせるまでの間は、本書の用語解説のページをコピーして持ち歩くと、買い物の際に便利です。大まかな目安としては、成分の種類ができるだけ少ない製品を選ぶことです。自然化粧品のメーカーは、できるだけ配合をシンプルにし、なおかつ効果的な製品を生み出そうとしています。

すべて捨てないで

オーガニック・ビューティを目指すあなたには、パッケージの問題も心に留めてもらいたいのです。化粧品を手作りする利点のひとつは、できあがったフェイス用、ボディ用の化粧品を入れるために、美しいガラスびんや容器を再利用できることです。化粧品を買うなら、必ず容器がプラスチックでなくガラス製のものにし、可能な限り、使い終えた容器はよく洗って、リサイクルしましょう。もっとも一般的に使われているプラスチック（大体ペットボトル）以外のリサイクルを進めている施設は極端に少ないのですが、できるだけ容器をリサイクルに出しましょう。もっとも簡単に詰め替えられるプラスチックは、底に「1」または、「PET」と印字されているものです。無論ゴミが多く出そうなパッケージを使った商品は買わないようにし、もし買ったなら、箱やボール紙、小さな使用説明書でも、必ず古紙回収に出してください。環境への悪影響を心配するあなたの気持ちを伝えるために、メーカーにパッケージを送り返す方法も考えられます。

犠牲になるウサギたち

事実：化粧品の開発では、いまだに動物を使った実験がなされています。個々の成分についても同様に実験がおこなわれています。国によって規定が異なる点が、消費者の生活をなお一層複雑にしています。英国の場合、完成品、原料ともに動物実験は全面的に禁止されています。ですから、ウサギの目にマスカラをたらす、ネズミの毛をそり落として、皮膚障害が起きるまでクリームを塗りこむ、もしくは、ネズミが死に至るまでアンチエイジング・クリ

ームを塗り続ける、といったことは、もうおこなっていません。しかし、この法律は、英国で生産される化粧品に対して禁止されているだけで、輸入品に関しては適用されません。

他のヨーロッパ諸国では、動物実験が全面禁止になるまで、まだ5〜7年はかかりそうです。その間にも、毎年35,000匹にのぼる動物が、ヨーロッパの化粧品テストのために、命を失うことになります。

米国ではどうでしょう？　一部の化粧品は、「動物実験に反対する英国連合」（the British Union of Anti-Vivisection 略BUAB）が主導している、国際的な「人道的化粧品基準」のラベルをつけていますが、ヨーロッパに比べて、はるかに意識が低いのが現状です。

消費者パワー

では、私たち消費者にできることは何なのでしょう？　まず、「動物虐待反対の小冊子」をBUABから取り寄せ（住所は、P.122〜124をご覧ください）、そこに掲載されている「認可メーカー」の商品を購入するようにします。商品のパッケージにも、「非動物虐待」のロゴや、「動物虐待をしない」という言葉があるかどうか確かめましょう。

BUABによると、たとえ動物実験を続けるメーカーの商品を買わないという行動に出ても、その理由をメーカーに伝えない限り無意味だということです。ですから、買わないと決めたメーカーには、その理由を伝えてください。よくわからない場合は、BUABに問い合わせましょう。ここには、ほとんどすべての化粧品やスキンケア用品メーカーに関する膨大な情報が集められています。

遺伝子組み替え作物は、絶対に「ノー」

世界中の消費者は、遺伝子組み替え作物（Genetically Modified Organisms 略GMO）をスーパーの棚に並べることに反対しています。しかし、化粧品については意識しているでしょうか？特に大豆やとうもろこしは、メイクアップや、スキンケア用品の原材料として、一般的に使われている原料です。ヨーロッパ、とりわけ英国では、激しい反対運動があり、化粧品会社にとって、GMOの使用が大問題となりました。今では多くのメーカーが製品からGMOを排除するところまできています。純正な原料であることを保証するために、メーカーは数多くの厳しい検査をおこなっています。

GMOに関して、ヨーロッパのメーカーは米国メーカーよりもはるかに進んでいます。多くの米国メーカーは、化粧品にGMO原料が使用されても、人体に害があるという根拠はなく心配するに当たらないと、発表しているだけです。

消費者パワーによって、食品会社はGMOを使用しなくなりました。同様に、美容業界を動かすには、消費者が動くことが唯一の方法なのです。

成分表示を読む

パッケージに表示されている複雑な専門用語は、たいへんわかりづらいものです。

このページでは、潜在的な危険性のある成分とは何で、

なぜそれらを避けるべきなのか解説していきます。

「自然派化粧品」で使用を避けたい成分10種

1. 合成色素
合成色素のうち数種類に、発ガン性があると指摘する専門家がいます。特に、FD＆C色素の赤色6号と、FD＆C色素の緑色6号は避けましょう。合成色素の使用量を最小限に抑えるため、虹のように鮮やかな色の商品は使わないでください。

2. DEA、MEA、TEA
アレルギー反応を引き起こす物質です。目にしみるうえ、髪のぱさつきや乾燥肌の原因にもなります。

3. ホルムアルデヒド（メタナール）
高価ですが非常に効果的な保存料で、マニキュアやネイル強化剤など、多種類の化粧品に使用されています。皮膚障害が起きやすいだけでなく、より深刻な、肉体への長期的影響が医師から指摘されています。ホルムアルデヒド系の成分には、次のようなものがあります。イミダゾリジニル・ウレア（米国皮膚科学会によると、保存料の中で、接触皮膚炎を起こす例が2番目に多い成分）。ジアゾリジニル・ウレア、2-ブロモ-2-ニトロプロパン-1、3-ジオール、DMDMヒダントイン、クオタニウム-15。

4. 香料
化粧品に使われている合成香料には、多いものでは200種類もの成分が含まれています。しかし個別表示は義務づけられておらず、成分の多くは石油から作られています。合成香料の問題点として、めまい、皮膚への刺激、色素沈着が挙げられます。「無香料」とうたわれていても、まったく問題がないわけではありません。なぜなら通常は、原料の匂いを抑える物質が添加されているからです。「天然香料」と書かれているものや、エッセンシャルオイルの香りを活かした商品を選びましょう。

5. イソプロピルアルコール
石油系の抗菌性溶剤。

6. メチルパラベン
もっとも広く使用されている防腐剤のひとつで、敏感肌を刺激します。ブチルパラベン、エチルパラベン、プロピルパラベンも同様。これらの物質は、環境中に存在し、体内のエストロゲンと同じような働きをする「異種エストロゲン」であるとも言われています。この点については、さらに調査が進められるでしょう。

7. メチルイソチアゾリンオン
防腐剤。アレルギー反応や皮膚への刺激を起こす可能性が高い成分。

8. パラフィン
コールドクリーム、脱毛ワックス、アイブローペンシルほか、多くの商品に使われています。通常、石油か石炭から作られます。

9. プロピレングリコール
水を除けば、化粧品でもっとも多く使われている保湿成分です。野菜のグリセリンや海草を原料とする場合もありますが、大半は、石油から作られたものを使用しています。

10. ラウリル硫酸ナトリウム
洗浄剤や乳化剤として用いられます。脱脂作用があるため皮膚を乾燥させ、刺激します。乾燥すると皮膚の保護機能は弱まり、他の化学物質を吸収しやすい状態になってしまいます。また、この物質は、多くの化学物質と混ぜ合わせると、強力な発ガン性をもつニトロスアミン（窒素化合物）を生成します。

**石油化学製品を
なぜ避けるべきなのでしょう？**

石油やパラフィンと聞けば、燃料や工業を連想しがちですが、まず間違いなくあなたも体につけています。意識したことがありますか？　鉱物油（paraffinum liquidum）とワセリンは、多くのスキンケア、ボディケア、ヘアケア製品の成分表の上位に見られる原料です。「自然派化粧品」の有名メーカーの製品ですら、石油化学製品が主原料として使われています。成分名の前か後に、「プロピル」、「メチル」、「エチ」、「レン」もしくは「エン」がついているものは、まず石油化合物と考えて間違いありません。

では、これらの問題点は何なのでしょう？　社会が石油化学へ依存し続けることは、すなわち環境破壊への道を突き進むことなのです。この道は一方通行。引き返すことはできません。地球環境を考えれば、私たちは植物を増やし、公害を減らすべきなのです。化石燃料を元にした成分から、植物を活用した成分に切り替えていくことが、このプロセスにおいて、重要な（しかもたやすい）ステップになります。化粧品の値段はさらに上がるかもしれません。天然原料にすると、石油製品の10倍から20倍コストがかさみます。しかし石油製品は、地球資源を大量消費しているわけですから、単に商業的に安上がりなだけです。同じく重要なのは、化粧品類の場合、原価は商品価格のごく一部に過ぎないという事実を知ることです。製造コストに加え、パッケージ、輸送、税金がプラスされています。

　商品を購入するときは、「石油化学成分を使用しない」とラベルに書かれているものを選びましょう。

手作りの基本ルール

rules for making your own

化粧品を買う際、使われている原料を正確に把握することは、ほとんど不可能です。

そこで、下の手順に従って化粧品の手作りにチャレンジしてみましょう。

オーガニック化粧品が自宅のキッチンでいかに簡単に作れるか、驚くに違いありません。

ここでは、市販品に代わる効果的で簡単な手作り化粧品のレシピをご紹介します。毎日、化粧品を手作りできる時間的余裕がある方は、そう多くないでしょう。例えば、パスタとできあいのトマトソースや缶詰スープに手を伸ばしたり、冷蔵庫の中から食材を取り出してオーブンに放り込むだけ、というような晩が続いているときはまず無理です。しかし、材料をミキシングして化粧品を作るのは本当に楽しい作業ですので、ゆったりとした気分で取り組んでみてください。

とりかかる前に

化粧品を手作りする際、いくつかの基本ルールがあります。それらのルールに忠実に従えば、汚染されずにできあがり、使用上も安全です。

料理のプロが、鍋、フライパン、こまごまとした調理用具などを多く揃えているのと同じように、化粧品やバス用品の手作りに便利な器具を揃えておきましょう。それらのほとんどはキッチンの棚や引き出しで、みつけられるものばかりです。

化粧品の手作りに必要な基本用具は下のとおりです。すべて揃えてから、材料を混ぜ合わせましょう。

用具

オーガニック化粧品を、自宅のキッチンで手際よく、そして確実に作るために必要な用具は次のとおりです。

- 泡立て器
- 二重鍋、もしくはパイレックスのガラスボウルがぴったり納まり、湯煎鍋のように使える小型鍋
- パイレックスのガラスボウル
- 計量スプーンと計量カップ
- 精密なはかり
- ガラス製のスポイト（エッセンシャルオイル計量用）
- ミキサーかフードプロセッサー（あれば作業が楽になるが、なくても可）
- 漉し布（綿モスリン）
- ワイヤー製のざる
- 小型のじょうご

ご案内：本書に掲載されているハーブ、グリセリン、オイル、蜜ロウなど、ほとんどの天然材料は、「ニールズヤード レメディーズ」（連絡先は巻末をご覧ください）で通信販売しています。安息香（ベンゾイン）のチンキと、ハマメリスの水性エキス（ウィッチヘーゼル）は、薬局で購入できます。強いストレスにさらされているときは、肌が通常よりも過敏になっている可能性があるため、注意が必要です。P.19で紹介しているパッチテストを、必ず実行してください。

安全に配慮して

- 材料は、新鮮、純正なものを。もちろん可能な限りオーガニックな素材を選びましょう。大ざっぱな目安として、口に入れたくないと思う材料は、肌につけるべきではありません。
- 可能な限りナチュラルなオイル、すなわち100パーセント純正で、未精製で、常温圧縮したオイルを必ず使用します。
- 匂いをかいで確かめます。もしオイルが鼻をついたり、材料の中に嫌な匂いのするものがあったら、使わないで廃棄してください。
- 必ず、できあがった化粧品は冷蔵しましょう。有効期間が長くなります。

使用前のテスト

市販の化粧品でかぶれを起こすことがあるように、ナチュラルな自家製のローションでも、過敏症を引き起こすことがあります。アボカドオイル、エッセンシャルオイル、グリセリン、ラノリン、安息香、スウィートアーモンドオイル、小麦麦芽オイル、これらをつけると、まれに皮膚に刺激を感じる人がいます。特に敏感肌の場合は、クリームを顔につけたり体に塗り広げたりする前に、パッチテストをしてください。次のような方法でおこないます。

- ひじのすぐ下の、腕の内側の部分に対象となる物質を少量つけてください。その部分を絆創膏で覆い(絆創膏にアレルギーがある場合は貼らないでください)、24時間後にチェックします。一方の耳の後に塗るという方法もあります。
- もし痛みを感じたり、腫れたり、ヒリヒリするようなことがあれば、あなたの肌は何らかの成分に反応している状態です。先ほど挙げた成分のうちのいずれか1種類が原因かもしれませんが、このほかの成分である可能性も考えられます。どの成分に反応したのか特定して、その成分を使わないよう注意しなければなりません。

多くの女性のスキンケアでは、1週間に12種類以上の製品が、肌を磨き上げたり、老化を遅らせたりする目的で使われています。ですからオーガニック・ビューティを目指すための重要なステップは、日常のお手入れをよりシンプルにすることです。この章では、私

日常のケア

たちの肌に本当に必要なものと必要でないものの見分け方を、年齢や世代別に解説していきます。また、オーガニック・ビューティの極みである100パーセントナチュラルな化粧品の手作りが、いかに簡単かも、この章でお分かりになるでしょう。

your skin's *enemies*
美肌の敵

パーフェクトな生活環境では、自らを保護し回復させる、肌本来の機能がうまく働きます。しかし現代の環境では、日光、公害、化学物質の影響によって、肌は大きなダメージを受けています。

生活環境によって、肌は日々一定の傷を受けています。誰しも、自分の身に起きた変化に対応するため最善を尽くそうとしますが、それと同じように、肌もまた最善を尽くしています。デスクについているとき、公園でランチをとっているとき、道路を歩いているとき、肌は温度調整をし、汗として水分と塩分を排出し、体に酸素を供給します。しかしこのような皮膚の機能は、日常的にさらされている環境ストレスによって、弱まってしまいます。健康的でつやのある肌を保つためには、潜在的なダメージから肌を守らねばなりません。では、肌にとっての脅威とは何でしょうか？　そして、私たちの取るべき対策とは？

● 日光　　肌の老化を早める原因の90パーセントは、紫外線に肌をさらしすぎたことと関連しています。

対処法：天然のスキン・プロテクターで、肌を直射日光から保護しましょう。P.23をご覧ください。

● 喫煙　　こちらも肌の大敵――受動的喫煙でも影響大です。タバコに火がつくと、4千種類もの化合物が生み出されます。皮膚を経由して、これらの物質が体内に吸収されることも考えられます。化学物質は内臓に影響を与え、肺、心臓、血液、胃腸の疾患を引き起こすだけでなく、しみや炎症、吹き出物のような、体の外側にも様々なトラブルを生じさせます。さらに、皮膚ガンを引き起こす心配もあります。

対処法：酸化防止成分、例えばビタミンCやEが配合されたクリームを使いましょう。これらは、タバコの煙が引き起こすダメージから肌を保護する働きをしてくれるだけでなく、ダメージに抵抗すらしてくれます。もしあなたが、どうしてもタバコがやめられないのなら、自然食品店で販売されている「アメリカン・スピリット・シガレット」に変えてみてはいかがでしょう。これなら、化学物質が発生する心配がありません。

● 公害　　肌は、1日に無数の化学物質にさらされています。米国の国立職業安全健康研究所で、職業皮膚化学の研究責任者を務めたトビー・マサイアス博士は次のように述べています。「吸入や飲食による化学物質の摂取に関しては厳しく規定されているが、手で触れたり扱ったりする毒物や、皮膚がさらされている毒物に関しては、規定は皆無に等しい」

対処法：手始めに、天然素材の洗顔料に切り替えてみましょう。「エコヴァー」なら、入手しやすいはずです。デンマークのメーカー、ウルテクラムの「ユニレン」、「ユニクリーン」、「グリーン・クリーン」でもよいでしょう。これらの製品についての問い合わせ先は、P.122〜124をご覧ください。肌を守るために、酸化防止剤が配合されたボディ用、フェイス用のクリームを選ぶことも大切です。

● アルコール　　アルコールは皮膚を乾燥させます。特に、鼻やほおの部分の毛細血管が切れたり膨張する原因となります。また、健康的な顔色に欠かせないビタミンやミネラルも破壊してしまいます。

対処法：1日の飲酒量は、良質なワインをグラス1〜2杯程度に抑えます。また、毎日、必須脂肪酸を充分摂取するようにします（参照 →P.66〜67）。

美肌の敵　23

肌のプロテクター

肌に負担がかかりすぎているときがあるかもしれません。日常的なストレス、化学物質、紫外線によるダメージなど多くの要因が組み合わさると、肌の不調を招きます。

● 次のリストの中には、肌への鎮静効果が特に高く、化粧品に配合されていると好ましい成分があります。注意：成分表の上位に表記されている原料ほど分量が多く使用されていますので、それだけ肌への影響が大きくなります。

● ボラージュ（ルリチシャ）・オイル
ハーブから抽出されるボラージュ・オイルは、必須脂肪酸（参照 →P.66〜67）の重要な供給源となります。必須脂肪酸は、皮膚細胞のふくらみと保湿を助けます。

● きんせんか
皮膚の再生と回復を助けます。炎症を抑える作用もあり、皮膚の痛みを和らげてくれます。

● カモミール
穏やかな鎮静効果があり、過敏な状態になっている肌を落ち着かせてくれます。

● レシチン
大豆から抽出されるレシチンは、肌に水分を補給し、調子を整える効果があります。注意：大多数の化粧品メーカーは、遺伝子組み替え大豆を選別せず原料に使用しています。自然派化粧品メーカーの中には、不使用としているところもありますが、ごく少数です（参照 →P.15）。

● オートミール
肌を鎮め、かゆみや腫れを抑える作用があります。また、肌に水分を補給し、なめらかにします。

● ビタミンC
傷の治りを助け、骨や軟骨などの結合組織に含まれるコラーゲンを刺激し、弾性組織の成長を促します。また、日焼け、公害、ストレスなどが引き金となり、肌にダメージを与える遊離基（活性酸素など）と戦ってくれます。

● ビタミンE
肌が、日光やスモッグのダメージと戦う際の助けとなる抗酸化剤です。製品ラベルで「d-αトコフェロール」という成分名を探してください。これが、ビタミンEの天然形です。ビタミンEオイルのカプセルを割り、中身を直接肌につけてマッサージしてもよいでしょう。

avoiding
product overload

お手入れはシンプルに

皮膚化学の専門家の間では、日々のスキンケアの中で、もっとも重要なステップはクレンジングである、ということで意見が一致しています。では、汚れと古くなった皮膚をやさしく落とす、簡単でオーガニックな方法をお教えしましょう。

大半の女性の肌は、化粧品が負担になっている状態です。肌が望んでいるのは、シンプルなケアに過ぎません。すなわち、洗顔、保湿、栄養、保護です。化粧品メーカーがどのような宣伝文句で売り込もうとも、クリーム、ローション、使い切りのポーションタイプなど、数多くの化粧品で自宅の棚をきしませる必要はありません。敏感肌に関する調査では、自分の肌が過敏であると不満をもつ女性が63パーセントにのぼりました。このように敏感肌の女性が増えた原因は、化粧品メーカーが扇動する不必要に込み入った美容法が関係している、と述べる専門家もいます。

オーガニック美容の基本をお教えしましょう。「シンプルに徹する」です。いくつもの化粧品を塗り重ねてはいけません。もし必要なら、オリーブオイルかホホバオイルのようなオイルを1種類使うだけで充分です。これらは洗顔料として、また肌に栄養を与えるためにも使えます（しかし、オイルをつけた状態で日光を浴びることは、おすすめできません。何らかの方法で肌を守らなければ、日焼けしてしまいます）。

自然化粧品のブランドや手作り化粧品なら、あらゆる肌のタイプや年齢に合った対処法を提供してくれます。

あなたの肌のタイプと必要なケア

脂性肌

すぐに顔がテカりますか？ 毛穴が開いていたり、血色が悪いですか？ もし答えが「はい」なら、あなたの肌のタイプは、まず間違いなくオイリーです。がっかりしないでください。脂性肌のタイプは、比較的肌の老化が緩やかに進行するのです。

脂性肌タイプや、ニキビができやすいあなたは、脱脂力の強い洗顔料や収れん化粧水を使うようアドバイスされることが多いでしょう。しかし、このような強い製品がもたらす効果は、油分の分泌に拍車をかけることだけ。実はお手入れをシンプルにし、より肌にやさしい製品を使うことが、解決法なのです。

必要な化粧品

- 軽い使い心地の、リキッドタイプ洗顔料。
- アルコールの含まれていない収れん化粧水。
- ほおや首のような乾燥しやすい部分には、ライトタイプのモイスチュアライザー。
- 庭仕事、ハイキング、水泳、また戸外で長時間過ごすときは、顔全体に日焼け止めを。
- パックするなら、脂性肌向けのパックを週に1〜2度の割合で。

必要ない化粧品

- 脱脂力の強さが特徴の、強力な洗顔料や収れん化粧水。
- 肌の油分を吸収したり、テカりを抑えるための商品。肌の油分を取りたいときは、フェイシャルティッシュを使いましょう。通常2枚重ねになっていますが、1枚だけ取り、肌に乗せて押しつけます。すると、メークは崩れず、油分だけ取れるはずです。肌の油浮きが気になったら、1日に何度かこの方法で油分を取りましょう。

乾燥肌

あなたの肌は、皮がむけたり、粉をふいたようになりますか？ 顔が赤くなりがちだったり、肌が敏感ですか？ 皮膚を引っ張っても、あまり伸びませんか？ これらの問いに「はい」と答えたあなたは、おそらく乾燥肌です。乾燥肌は肌の弾力性に欠け、しわが増えやすいタイプです。加齢によって自然に皮膚の油分が減り、肌質に関係なく、誰もが乾燥肌になりやすいというのも事実です。

必要な化粧品

- こくのある使い心地で、親水性の洗顔料。水で洗い流すか、オーガニック・コットンでふき取れるもの。
- 肌に栄養を与える、モイスチュアライザー。
- 夜用にフェイシャル・オイル。
- 外出時には日焼け止めを。
- 保湿用のパックを週に1度。(しなくてもよい)

必要ない化粧品

- 石けん（これまで顔、もしくは手足だけに使っていたもの）。
- アルコール分を含んだ収れん化粧水。乾燥肌には刺激が強すぎます。もしメイクをきれいに落としきってしまいたいなら、ローズウォーターのような収れん化粧品を使ってください。手作りしてもよいでしょう（参照 →P.30〜31）。
- アンチエイジング・クリーム。このうちの多くは、しばらくのあいだ肌を明るく見せたり、なめらかにする効果はあるようです。しかし20〜30年という長期にわたって使い続け、肌の自然なメカニズムを破壊してしまうことによって副作用が起き、かえって老化が進むといった事態も起きないとは限りません。長年使用した結果は、誰にもわかっていないのです。オーガニック美容法では、自然の恵みを利用します。その中には、何千年もの間、時計の針を戻すことに使われ続けてきた、確かな成分が含まれています。

敏感肌

あなたの肌は突っ張ったり、痛みや赤み、かゆみが出たり、むけやすかったりしますか？ クリームをつけたら、吹き出物やかゆみ、発疹が出やすいですか？ もしそうなら、あなたの肌は乾燥肌で、時に敏感肌と言えるでしょう。アレルギー肌よりも多いタイプで、特定の成分が毎回同じ反応を引き起こします。お手入れは乾燥肌と同じですが、新しい化粧品を使う場合は、パッチテストを実行し(参照→P.19)、トラブルの原因となる成分を特定しましょう。

トラブルのある肌

頻繁にニキビができますか？ それは赤く腫れて痛みますか？ トラブル肌のほぼ100パーセントが基本的に脂性肌タイプですので、特にお手入れはシンプルにしてください。ニキビ用の強力なクリームをつけるのはやめ、肌に有効に働く自然派の選択をしましょう。（トラブル肌については、P.26〜27もご覧ください）。

脂性乾燥肌

Tゾーンは油っぽく、ほおは乾燥しているという人が多いものです。脂性肌向けのアドバイスをご覧になり、洗顔はこちらの方法でおこなってください。乾燥しやすい部分だけに、しっとりタイプのモイスチュアライザーをつけましょう。コンビネーションタイプであることに不満をもつ女性の多くは、不必要に手の込んだお手入れをしているからです。そして、脂性乾燥肌の女性がもっとも気がかりなのは、Tゾーンのテカりです。つや消し化粧品の代わりに、「フェイシャルティッシュ1枚テク」を試してみてください（参照 →「脂性肌」の項目）。

products
to suit your age
年齢に合った化粧品

あなたの年齢が10代であれ、40代以上であれ、あなたの肌は特別のケアを必要としています。

ここではナチュラル・オイルを使ったV.I.P.ケアの方法をご紹介します。

年齢にかかわらず、試してみてください。

ホルモンは、私たちが生きていくうえで不可欠な物質ですが、とりわけ10代と閉経期には、ホルモンの影響で様々な皮膚症状が起きてきます。10代、まれに20代に入ってからも、ホルモンの働きで皮脂腺からの分泌が過剰になり、肌がテカったり、ニキビや吹き出物が出たりします。従来型の美容産業は、こういった肌の人に「皮膚をはがし取る」タイプの化粧品を勧め、実際、毎年数億ポンドを売り上げています。しかし、これらの商品は、トラブルを悪化させるだけです。油分を取れば取るほど、肌はより多くの油分を生み出して、独自にバランスを取り戻そうとするのです。

ホルモンに負けない

このような悪循環を断ち切り、日常的な肌のお手入れをよりシンプルにすることが、問題解決に結びつきます（参照→P.24〜25）。加えて、トラブルに打ち勝つ自然療法を実行すれば、トラブル肌が鎮まり、落ち着いてくるでしょう。

　一方、成熟した女性はエストロゲン（卵胞ホルモン）の分泌量が減るにつれ、肌が乾きやすくなり、薄くもろくなります。10代の多くにとって悩みの種である肌の油分も、この年齢になると減少するため、大小のしわが出てきます。さらに加齢によって、肌の保護機能が働かなくなってきます。具体的には、皮膚が薄くなればなるほど、水分は逃げやすくなります。歳を重ねるにつれ、ますます乾燥肌が問題になるのは、このような理由からです。日常的にはどのようなケアで乾燥肌に取り組むか、という点についてはP.25をご覧ください。

　老化防止を目的としたスキンケア産業は、10億ポンドとはいかないまでも、100万ポンドは売り上げています。しかし、成分の中には、フルーツ酸（短期的には、皮膚の最上層をはぎ落とすことで効果を上げる）のように、長期間使い続けた際の影響が明確になるまでに時間のかかるものがあります。これらアンチエイジング剤は、約束どおり、時計の針を戻してくれるのでしょうか、それとも実際には、時間の進行を早めてしまうのでしょうか？　現段階では、わからないのです。しかしオーガニック美容の世界には、乳香（フランキンセンス）のように、肌を若々しくつややかに保つ働きが明らかな、天然のアンチエイジング材が揃っています。次のページでは肌への「ごちそう」を紹介します。実行すれば、加齢と共に失ってしまったものを取り戻すのに役立つでしょう。

脂性肌用フェイシャルオイル
グレープシード オイル　50ml（1/4カップ）
ホホバオイル　大さじ2杯
セダーオイル　8滴
レモンオイル　10滴
イランイランオイル　5滴

すべてのオイルをミックスします。髪が顔にかからないよう結んだり、ピンで留めておきます。きれいな手でオイルを取り、肌をマッサージしましょう。このブレンドのオイルは、皮膚の自然な油分の分泌を調整してくれます。

トラブル肌用オイル
アプリコットオイル　50ml（1/4カップ）
レモンオイル　10滴
サイプレスオイル　10滴
ラベンダーオイル　5滴

すべてのオイルをミックスし、マッサージに使います。マッサージする場所は、首の両側のリンパ腺の周辺、副鼻腔の周り、額です。トラブル肌、つまり油分が過剰に分泌されている肌にオイルをつけるなんてと思われるでしょうが、ニキビのケアに、日常的にこのオイルを使っていれば、肌の状態がよくなるはずです。このブレンドのオイルは、肌に充分な油分を分泌していると勘違いさせる効果があるため、自然に油分の分泌が少なくなるのです。

首すじと目元しっとりオイル
（年齢を重ねた肌向き）
グリセリン　小さじ1.5杯
アプリコットカーネル・オイル
　　　　　　　　　　　50ml（1/4カップ）
ホホバオイル　30滴
ネロリオイル　3滴
イランイランオイル　2滴
乳香（フランキンセンス）オイル　2滴

すべてのオイルをミックスし、ふたにスポイトがついた暗い色のガラス容器に入れておきます。夜、手のひらに1滴たらし、目の回りの骨に沿ってマッサージします。首のマッサージには、分量を多めに使います。

敏感肌用きんせんか軟膏
きんせんかの花　25g
エクストラバージン・オリーブオイル
　　　　　　　　　　　100ml（1/2カップ）
蜜ロウ　25グラム

すり鉢とすりこぎ（またはハーブ用の電動グラインダー）できんせんかの花をすりつぶし、ガラス容器に入れます。ここにオリーブオイルを注ぎ、しっかり混ぜ合わせます。容器を毎日振り混ぜれば、3週間後に敏感肌を落ち着かせる、すばらしい軟膏のベースができあがります。ボウルに目の細かい布をかけ、オイルベースを漉してください。最後の1滴が落ちるまで、布で包んでしっかり絞りましょう。

　次に軟膏作りにかかります。約10センチの高さまで水を張った鍋に、耐熱ガラスの計量カップを入れ、中火にかけます。まずできあがったオイルベース、次に砕いた蜜ロウを計量カップに入れ、木製のスプーンか、はしで混ぜます。すっかり溶けたら、広口びんに入れて冷やし、固めます。

　固さを調べるために、できあがった軟膏を少量皿に落とし、1分間冷凍庫に入れてください。軟膏を固めにしたいときは、蜜ロウを少量加えます。もし軟膏が固すぎたら、オリーブオイルを少し足します。気温にも左右されます。気温が高めなら、蜜ロウを多めにする必要があります。高温と直射日光を避けて保管しましょう。皮膚に炎症や痛みが出たら、この軟膏の出番です。

洗顔と整肌

cleansing and toning

皮膚化学の専門家は、洗顔と整肌こそスキンケアでもっとも重要なステップであると口を揃えます。では、シンプルでオーガニックなスキンケアとは、具体的にどのようなお手入れを指すのでしょうか？

市場に出ている洗顔料の多くに、鉱物油やワセリンのような成分が含まれています。これらはメイクや汚れを落とす力にすぐれていますが、「環境にやさしい」成分ではありません。鉱物油やワセリンは、化石燃料から作られています。精製法こそ違いますが、車の燃料と同一のオイルなのです。このような石油系の成分は皮膚の表面にとどまって毛穴をふさぎ、時には皮膚の下で白ニキビや他の吹き出物を作る原因になります。また、鉱物油は保湿成分としても使われています。その理由は、鉱物油は膜を作り、肌のもつ天然の水分を逃がさないからです。

石油ベースの商品の代わりに、よりナチュラルな成分の洗顔料を、自然食品店で探してみてください。「ドクター・ハウシュカ」、「ジュリーク」のようなメーカーは、変わったタイプの洗顔料を出しています。オートミールをベースにしたペーストがそれで、美形の著名人が愛用している商品ですが、正直なところ決して使いやすいとは言えません。

洗顔料と収れん化粧水

石けんは、たとえ手作りのものでも顔の皮膚には強すぎ、皮膚のpHバランスを狂わせてしまいます。肌につっぱり感が出るのはそのためです。もし洗顔に水を使うのが好きなら、石けん以外の選択肢はいくらでもあります。脂性肌にはローションタイプの洗顔料が合い、乾燥肌と敏感肌にはオイルベースの洗顔料がぴったりです（参照→P.30）。

自然は、市販品に代わるすばらしい洗顔料を与えてくれます。例えばオイルは、メイクやほこりなどの汚れをすっかり溶かし出してくれます。現在では、様々なオーガニックのオイルが手に入るようになったため、100パーセントオーガニックの洗顔料を簡単に手作りできます。木の実や植物の種も、マッサージや洗顔に使うことができます。

もし適切な洗顔ができれば、本来、収れん化粧水（トナー）を使う必要はありません。スキンケア神話に反しますが、収れん化粧水の作用で毛穴が閉じることはありません。毛穴は自然に開いたり閉じたりしないというのが、第一の理由です。収れん化粧水の効果は肌に清涼感を与えることであり、このタイプの化粧水を好んで使う女性がいるのは、さっぱりして心地よいからです。もし使うなら、ノンアルコールのものを選びましょう。アルコールは皮膚をはがし

すぎてしまい、肌にとって重要な、自然のオイルバランスを崩してしまいます。「トナー」ではなく「フレッシュナー」という名前は、ノンアルコール製品を探すヒントとなりますが、念のため成分表をチェックしましょう。ローズウォーターやオレンジフラワーウォーターは簡単に手に入り、収れん化粧水の代用品として使えます（コットンに含ませて使うより、スプレーで顔にひと吹きしてみてください。メイクを落ち着かせる目的でも使えます）。肌をさっぱりさせる化粧水を手作りするのもよいでしょう。作り方はとても簡単です。

オーガニック栽培の化粧コットン

地球上で、農薬散布量の多い作物ナンバーワンが綿です（2番目はカカオ）。ですから、一般的な化粧コットンを買うと、噴霧された殺虫剤が最終的にあなたの肌に行き渡るだけでなく、世界でもっとも農薬汚染された農業形態に手を貸すことになってしまいます。オーガニック・コットンは、現在ではスーパーでも取り扱われるほど広く流通しつつあります。オーガニックのものは、ソフトで使いやすいだけでなく、見た目どおり真にピュアなのです。

再スタートを切る

顔や体の清浄という、1日を締めくくる至福の儀式には、眠りにつく前に心身をリラックスさせる効果があります。このとき、ビジュアライゼーションをプラスすれば、より効果的です。積もりつもった毒素、汗、化粧品を落としながら、その日1日の不安や気がかりをもすべて溶かし出して流し去るイメージを思い浮かべるのです。

洗い終えたあとの顔は、なめらかなカンバス、真っ白なページのようです。そう、また新たなスタートを切るのです。

究極の洗顔

メイクを落とす最良の方法は、ティッシュペーパー（たとえリサイクルペーパーでも）やコットンではなく、綿モスリンの布きれを使うことです。クレンジング用の市販品もありますし（問い合わせ先 →P.122〜124)、100パーセント天然素材のモスリン地を布地専門店やデパートで購入し、手作りすることもできます。手作りするなら、布地をおよそ30センチ四方にカットしてください。

使い方ですが、洗顔料をつけて顔をすみずみまでマッサージします。次に、入浴時に使うボディタオルと同じように、布をお湯ですすぎ、肌に洗顔料を一切残さないように、ていねいに拭き取ります。これを2〜3回くりかえしましょう。おしまいに流水につけてしぼり、顔を拭きます。

布はヒーターかバスタブに掛けて乾燥させ、雑菌の繁殖を防ぎましょう。布は2日使ったら取り替えます。

綿モスリンの布は、「環境にやさしい」洗剤を使い、洗濯機で洗うか、鍋に少量の漂白剤を入れて煮沸します。こうすれば布は繰り返し使えます。

クレンジングと化粧水

making skincare products

自分の肌の好むものと、好まないものを一番知っているのは、ほかでもない、あなた自身です。化粧品を買い求める代わりに、自分の肌質に最適な材料を使って、自宅で化粧品を作ってみませんか？

クレオパトラのクレンジングオイル

抗菌作用にすぐれたクレンジングオイル。メイク落としの効果も申し分ありません。

オリーブオイル　25ml（1/8カップ）
グレープシード オイル　50ml（1/4カップ）
ココナッツオイル　25ml（1/8カップ）
ローズマリー・エッセンシャルオイル　7滴
オレンジ・エッセンシャルオイル　6滴
ティーツリー・エッセンシャルオイル　4滴
セージ・エッセンシャルオイル　3滴

鍋にお湯を沸かし、その鍋の中に耐熱性の計量カップを置きます。計量カップにココナッツオイルを入れ、弱火にかけながら、オイルを完全に溶かします。溶けたら火から下ろし、他のオイルを入れて混ぜ合わせます。プッシュ式のボトルか広口びんに注ぎ、しっかりかき混ぜ、ふたを閉めてさらに振り混ぜます。冷めると若干濃厚になります。

シンプルなクレンジングクリーム

市販されている一般的なクレンジング剤と同様に、このクリームもオイルと水を混ぜ合わせて作ります。さらりとした使い心地で効果的です。あらゆるスキンタイプに向きますが、特に脂性肌と普通肌にはおすすめです。

蜜ロウ　5g
グレープシード オイル　100ml（1/2カップ）
精製水またはミネラルウォーター　120ml（2/3カップ）
ホウ砂　小さじ1/2杯

お好みで、下記のエッセンシャルオイルを加えてください。

- ローズマリー　12滴
- ラベンダー　8滴
- オレンジ　5滴

鍋にお湯を沸かし、その鍋の中に耐熱性の計量カップを置きます。計量カップに蜜ロウとグレープシードオイルを入れ、かきまぜて蜜ロウを完全に溶かします。鍋を火からおろし、人肌になるまで冷まします。次に、精製水かミネラルウォーターを人肌に温め、小さじ1/2のホウ砂を入れて溶かします。蜜ロウとオイルを混ぜ合わせたものをボウルに移し、ホウ砂水を数回に分けて少しずつ注ぎながら、泡立て器でしっかり混ぜ合わせます。クリーム状になるまで続けましょう（約5分間）。エッセンシャルオイルを加える場合は、ここで入れましょう。オイルが充分に混ざり合うまで、かき混ぜます。

リッチな使い心地のクレンジングクリーム

ホホバオイル　25ml（1/8カップ）
グレープシード オイル　25ml（1/8カップ）
蜜ロウ　10〜20g
（量を減らすと、軽い使い心地になります）
ラベンダーウォーター、もしくは
ローズウォーター　50ml（1/4カップ）
野菜のグリセリン　小さじ1杯
ホウ砂　小さじ1杯

酸化防止剤として、下記のいずれか1種類。

- ビタミンC粉末　小さじ1杯
- ビタミンA粉末　小さじ1/4杯
- 小麦麦芽オイル　小さじ1杯
- エッセンシャルオイル（ローズかラベンダー）10滴

耐熱容器に、ホホバオイル、グレープシードオイル、蜜ロウを入れ、蜜ロウが溶けきるまで、中火にかけた鍋で湯煎します。溶けたら火からおろし、他のすべての材料を加えます。電動の泡立て器で撹拌し、とろみが出てクリーム状になればできあがりです。

　使い方ですが、クレンジング剤を指にとって、顔全体と首すじを充分にマッサージします。そのあと、ぬるま湯でしっかり洗い流しましょう。こくのあるクレンジングクリームなので、乾燥肌と熟年世代の肌に特に合います。

肌を穏やかにするスキン・トニック

きんせんかの葉（生でも乾燥でもよい）
大さじ3杯
ミネラルウォーター　500ml（2.5カップ）
りんご果汁　大さじ1杯

葉を入れたボウルに、沸騰させたミネラルウォーターを注ぎます。20分間おいたら、りんご果汁を加え、煮沸などの方法で滅菌したびんに移しましょう。肌につけるときは、コットンを使います。

脂性肌とトラブル肌向けのラベンダー・フレッシュナー

ハマメリス水性エキス
（ウィッチヘーゼル）　200ml（1カップ）
ラベンダー・エッセンシャルオイル　15滴

材料を混ぜ合わせたら、おしゃれな容器に入れましょう。スプレーボトルでもよいでしょう。
洗顔後、コットンに含ませて使うか、スプレーします。

緑茶トナー

緑茶は抗酸化力に富み、飲むだけでなく、肌につけても老化防止効果が期待できます。

ミネラルウォーター　200ml（1カップ）
緑茶の茶葉　小さじ4
ミントの葉　小さじ1杯

沸騰させたミネラルウォーターに茶葉を入れます。10分おいたら漉して茶がらを取り除きます。すっかり冷めたら滅菌した容器に移しましょう。コットンに含ませて付けるか、スプレーします。

このトナーにはアルコールが含まれていないので、乾燥肌や敏感肌にも向きます。

緑茶は、抗酸化作用にすぐれ、肌につけると老化防止効果があると言われています。スキンケア産業によって、つい最近その有効性が見いだされ、ブームを呼んでいる成分のひとつです。このシンプルなフレッシュナーは、あなたの肌に緑茶を飲ませる、極めつけの方法です。

hydrating
the skin

モイスチュアライザー

セントラルヒーティングやエアコンから送り出される乾いた空気、

そして乾燥した大気によって、私たちの肌の水分は失われてしまいます。

日々失われる水分を補給して、肌に栄養を与えましょう。

肌は乾いています。油分と水分を欲しがっているのです。油分は肌をしっとり、水分は皮膚の細胞をふっくらさせ、若々しく見せてくれます。これら2つの要素がなければ、肌は緩んで溝を刻みはじめ、不快なつっぱり感が出てきます。有名ブランドのモイスチュアライザーの成分が、基本的にオイルと水なのは、このような理由からです。オイルと水は混ぜ合わせてもすぐに分離してしまいますので、市販の化粧品には分離を食い止めるために乳化剤が使われています。

　しかし多くの乳化剤は、敏感肌にトラブルを起こすという問題があります。乳化剤は肌の表面にとどまらず、表皮というバリアーの奥へ入り込んでしまうため、刺激物、エッセンシャルオイル、そして他の化学物質が、皮膚の内側に流れ込むのです。それらに肌が反応すると、赤みや吹き出物、かゆみ、痛みが出てきます。クリームを手作りすれば、乳化剤を避けることができます。いつでもさっと作れて新鮮なものが使えるうえ、もしクリームが分離しても、もう1度混ぜ合わせればすんでしまいます。

避けるべき成分

もし市販のモイスチュアライザーを買うなら、ワセリンや鉱物油のような毛穴をふさいでしまう成分の含まれたものは避けてください。自然派化粧品のブランドの中から、成分表が短いもの、つまり、製造過程で加えられている保存料や化学物質の数が少ないものを選びましょう。中でも、ロゴナ、ヴェレダ、ドクター・ハウシュカ、ジュリーク、バーツビーズは、数ある自然派化粧品ブランドの中でも100パーセント天然成分を使用しています。

フェイシャルクリームとオイル

日中は、肌の保護とメイクの下地としてクリームを塗ります。夜は、フェイシャルオイルを試してみてください。このオイルをつければ、液状になったピュアな植物のエネルギーが得られるでしょう。多くのフェイシャルオイルは、さらりと軽い付け心地のヘーゼルナッツオイルをベースに、小麦麦芽オイル、グレープシードオイル、有効成分の含まれたエッセンシャルオイルが加えられており、酸化防止剤として少量のビタミンEが配合されている場合もあります。この他にも、小麦麦芽、グレープシード、アーモンドなどのオイルをベースにして作られたフェイシャルオイルがあります。

これらのフェイシャルオイルは、驚くほどすみやかに肌に浸透します。肌のオイルバランスを調整してくれるエッセンシャルオイルが配合されているものなら、脂性肌にも使うことができます（オイルは、脂性肌をテカらせません）。買い求めるなら、次のような高品質なブランドの商品の中から選んでください。デクレオール、エスパ、イソップ、クラランス、ニールズヤードレメディーズ、エレミス、ドクター・ハウシュカ、コーダリー、キャリアッド、ジュリーク。もちろん、クリームやオイルの手作りもお勧めです。

ベーシック・モイスチュアライザー

蜜ロウ　5g
アーモンドオイル　大さじ2杯
ミネラルウォーター、もしくは
　　　　ローズウォーター　大さじ1.5杯
＊肌質に合わせたエッセンシャルオイル
　　　　　　　　　　　　　　4滴
　● 乾燥肌と、熟年世代の肌 には
　　　　　　　　　ローズか乳香
　● 普通肌にはラベンダー
　● 脂性肌と混合肌にはレモン
小麦麦芽オイル（天然の防腐剤として）
　　　　　　　　　　　　大さじ1杯

蜜ロウとアーモンドオイル入れた耐熱性の容器を、お湯を沸かした鍋に浮かべ煮溶かします。もちろん湯煎鍋を使っても構いません。ミネラルウォーターも同様に耐熱性の容器に入れ、湯煎で温めます。蜜ロウとオイルを湯煎にかけたまま、温めたミネラルウォーターをスポイトで1滴ずつ加え、泡立て器でしっかり混ぜます。小さじ1杯分のミネラルウォーターを混ぜたら、鍋から下ろし、他の材料を混ぜましょう。煮沸などの方法で滅菌した容器に入れ、冷やします。鮮度を保つため冷蔵庫に保管します。このクリームは、肌に触れると軟らかくなります。

スーパーリッチなモイスチュアライザー

アボカドオイル　大さじ4杯
小麦麦芽オイル　大さじ4杯
ココアバター　25g
蜜ロウ　小さじ1杯
ホウ砂　小さじ1/2杯
ローズウォーター　大さじ2杯
ゼラニウム・エッセンシャルオイル　10滴
乳香　エッセンシャルオイル　5滴
サンダルウッド・エッセンシャルオイル　5滴

鍋に半分程度、水を張って火にかけます。耐熱性のボウルにアボカドと小麦麦芽オイルを入れ、この鍋で湯煎します。ココアバターと蜜ロウも加え、すべての材料が完全に溶け合い、なめらかになるまでお湯の温度を上げていきます。そのまま湯煎を続け、ホウ砂を溶かしたローズウォーターを加えましょう。充分に混ざり合ったら鍋から下ろし、エッセンシャルオイルを加えます。冷めるまで混ぜ続けます。充分冷めたら滅菌したふたつきのガラス容器に移します。

肌質別フェイシャルオイル

乾燥肌向け：エッセンシャルオイルのゼラニウムとカモミールを各4滴、レモンとラベンダーを各2滴、スイートアーモンドオイル大さじ2を混ぜ合わせます。このオイルは、かさついた敏感肌も、完ぺきに潤してくれます。

脂性肌、トラブル肌、熟年世代の肌向けのフェイシャルオイルの作り方は、P.27をご覧ください。

自然のサイクルを活かす

working with nature

太陽は私たちに光とエネルギーを与えてくれます。月は、潮の満ち引きや女性の月経周期に影響を及ぼします。「月下美人」になるには、そして太陽の下で思う存分遊ぶためには、どのようなことに気をつければよいのでしょうか？

いつか化粧品には、保存料が必要なくなるかもしれません。月の満ち欠けの周期に合わせてメーカーが化粧品を作れば、あり得る話です。ドクター・ハウシュカの生体力学スキンケア商品は、常に月のリズムに合わせて製造されています。また、美貌のドイツ人、ガービー・ジャストは、現在、自身の化粧品シリーズ「ジャスト・ピュア」ブランドをもっていますが、彼女もこの化粧品作りの過程で、月の強力な効果に気付きました。保存料を加えずに、日持ちのする化粧品を作ろうと試行錯誤しているとき、月の周期のうち、ある特定の期間に作った化粧品には雑菌が繁殖せず、カビも生えないことに気付いたのです。このことがきっかけとなり、フェイス、ボディ、そして心理面に関して、月の及ぼす影響について彼女は研究し始めました。

月下美人

なぜ、同じ脱毛ワックスを使っても、痛いときとほとんど痛くないときがあるのか、不思議に思ったことはありませんか？　もしくは、月経前症候群とは無関係に、ひどく食欲が出るときがあるのは、なぜでしょう？　実際、生体力学を利用した園芸では、月相が植物の生長周期に影響を与えることがわかっているように、月は、私たちの体の自然な周期に影響を与えています。月相が出ているカレンダーを机に置いて、自分の心身との関連に注目してみましょう。

● 新月から満月へと月が満ちていく期間は、再生と吸収の時です。この12日間に肌につけたものはすべて、非常に大きな効果を上げます。ですから、オイルマッサージ、肌に栄養を与えるケア、パックをするのに、もっとも適しています。

● 満月の日に、肌はもっとも吸収性がよくなるようです。フェイシャルオイル、ハーブのパックやオイルバスに最適の1日です。もし、肌のお手入れにかける時間が日頃ほとんど取れないなら、この日に集中的におこないましょう。

● 満月から新月へと月が欠けていく期間は、ダイエットや脂肪沈着を防ぐプログラム、中でもスキン・ブラッシングに最適です。

● 新月の日は、浄化と解毒にもっとも有効です。生ジュースやお茶をたくさん飲みましょう。

● 脱毛ワックスや歯の治療は、新月の日か、月が欠けていく期間に行うのがベストです。もっとも痛みが軽くすみます。反対にもっとも痛みを強く感じるのは、満月の日です。

● 自宅の庭や窓際のコンテナで、パックやアロマセラピー用のハーブを育てているなら、それらを摘み取るのは満月の日がベストです。

太陽：日焼けの真実

長年、サンケア商品のメーカーは、日焼け止め商品を厚塗りするよう消費者に勧め続けてきました。製品中の化学物質と反射成分が、日光に対する肌の自然な防護作用を8、10、25、30倍、もしくはそれ以上、パッケージのSPF（太陽光線防護指数）値どおりにアップさせるという知識に基づき、「安全性」を訴えてきたのです。しかし現実の生活は、SPF値を決定する研究所とは、まったく状況が異なっています。実は商品を肌に塗り広げた時点で、防護効果は、パッケージに約束された数値の1/3～1/2ほどに落ちていることが現在では知られています。日焼け止めを使うべきではないと言っているのではありません。ただ、安全を期すなら、よりしっかりと組み立てた「太陽光線への防御対策」の一部として日焼け止めを使うべきだと言いたいのです（参照 →P.36）。

夏の間じゅう、紫外線から肌を守るために非常に多くの商品を肌に塗り重ねているのですから、あなたがオーガニック志向なら、真のナチュラルなサンケア商品は特に手に入れたいもののひとつだと思います。しかし、これが実際には難しいのです。「自然派」「天然」などとうたわれている多くの日焼け止め商品が、実際には主要メーカー品と同じ有効化学成分を使用しているからです。

化学物質を主成分とした日焼け止めは、光を吸収します。無色透明で効果が長時間持続するため人気が高いのですが、これらは化学物質の「カクテル」であり、肌のトラブルを引き起こす可能性が、太陽光線に当たると一気にふくらみます。日光浴をすると肌のトラブルを起こす人が多いのはこのためです。

商品ラベルをじっくりと確かめ、危険な化学物質を避けてください。危険物質の一例を挙げると、PABA（パラアミノ安息香酸）とベンゾフェノン（ベンゾフェノン-3やオキシベンゾンなど）、桂皮酸（メトキシ桂皮酸オクチルやメトキシ桂皮酸など）、サリチル酸塩（オクチルサリチル酸塩など）があります。

化学成分のもうひとつの難点は、皮肉なことに、太陽光にさらされた途端に分解し始め、効果が減少しがちなことです。

紫外線対策

太陽の光は、精神面での健康増進にたいへん大きな効果を上げますが、肉体面には壊滅的な影響を与えます。肌に適切な防護をしているかどうか確かめたうえで、安全に太陽の恩恵を受けましょう。

サンブロックを塗るのは、太陽光線を跳ね返す小さな鏡を、肌に無数に取り付けているようなものです。サンブロックは皮膚の表面にとどまるため、サンスクリーンほど皮膚を刺激しません。ラベルを見て、探していただきたい成分は二酸化チタンと酸化亜鉛で、どちらも鉱物を削って作られています。これらの成分は、かつて肌色を白っぽくしたり、灰色がかった色に見せていましたが、現在では新技術を用いてミクロ単位の微粒子に粉砕できるようになり、肌にのせてもほぼ無色に見えるようになりました。それでいて、肌を保護する効果は充分です。

残念ながら、安全な日焼け止めを手作りすることはできません。しかし、鉱物性サンブロック成分をベースにしたサンプロテクターを作っているメーカーはあります。ドクター・ハウシュカとヴェレダです。ジュリークは合成サンスクリーン剤を少量使用しています。より効果的な商品作りのために、ごく少量の化学物質含有はやむを得ないというのが、このメーカー考えです。

サンブロックを使うだけでなく、体の内側からも肌を保護しましょう。栄養価の高い自然食品や緑黄色野菜、果物は、体を自然に保護してくれます。抗酸化ビタミンA（ベータカロチンなど）、C、Eのサプリメントも体の保護機能を高める効果があります。摂取量については取り扱い店で質問してみてください。むやみに摂るのはよくありません。また、ミネラルウォーターをたっぷり飲んで、肌が脱水状態になるのを避けましょう。

木のSPF

森の中では、誰もサンスクリーンを必要としません。木には強力なSPF効果があります。木陰にいても少しは日焼けするでしょうが、時間もかかりますし、体への害も少なくてすみます。調査によると、オークの木にはSPF10〜20、楡やシカモアはSPF30、密集した松林ならSPF100の太陽光線防止効果があります。

賢い日光浴

- 日焼け止めを買い求めるときは、パッケージに表示されているSPF値の半分から1/3程度しか実際は効果がないことを知っておきましょう。
- 積極的に肌を焼かない——ちょっとした散歩や日陰で横になるだけでも日焼けしてしまうものです。
- もっとも日射しの強い午前10時から午後3時までの間は、日に当たらないようにしましょう。
- くもりの日でも要注意です。太陽光線に含まれる紫外線（UV）は雲を通過します。また老化を進める長波長紫外線（UVA）にいたっては、ガラスも通過してしまいます。
- 太陽光線は、熱帯と亜熱帯でより強烈です。赤道に近付けば近付くほど、太陽

光線の照射が、より直接的になるからです。また、高度が高くなるほど空気が薄くなり、太陽の影響を強く受けます。どちらの場合も、皮膚だけでなく、目と唇を保護しなければなりません。

- サンスクリーンを外出する15〜30分前に塗り、着替える前に乾かしておきましょう。直射日光を浴びたら、できるだけ早くサンスクリーンを塗り直します。ビーチチェアやピクニックの場所を探している間ですら日焼けしてしまいますので、注意してください。
- 海やプールに出かけるときは、泳ぐ前後に、必ずサンスクリーンをつけましょう。
- できるだけ日陰に入るようにすれば、直射日光を浴びる総量を減らすことができますが、日陰で過ごすときも紫外線対策は欠かさないでください。
- 近所の散歩にも、つばが10センチほどの帽子をかぶり、サングラスをかけましょう。サングラスは、UVカットレンズのものを選びます。
- 体をカバーしましょう。織りの細かい生地の衣類ほど、保護効果が高くなります。ルーズフィットで、織りの細かい衣類がもっともおすすめです。
- 1歳未満の赤ちゃんには、直射日光が当たらないよう保護してあげましょう。子どもには年齢を問わず、SPF25以上の日焼け止めをつけてあげてください。帽子など、日射しから体を守る衣類を身につけさせ、特に紫外線に弱い首の後ろが隠れているかどうか確認することが大切です。皮膚ガン財団はこう結論づけています。もし子どもが生後6ヶ月まで、25〜50という高いSPF値で肌を守っており、その後も大人になるまで適切な皮膚の保護を続ければ、紫外線による肌のダメージが起きたり、皮膚ガンが進行する可能性は大幅に減少する、と。

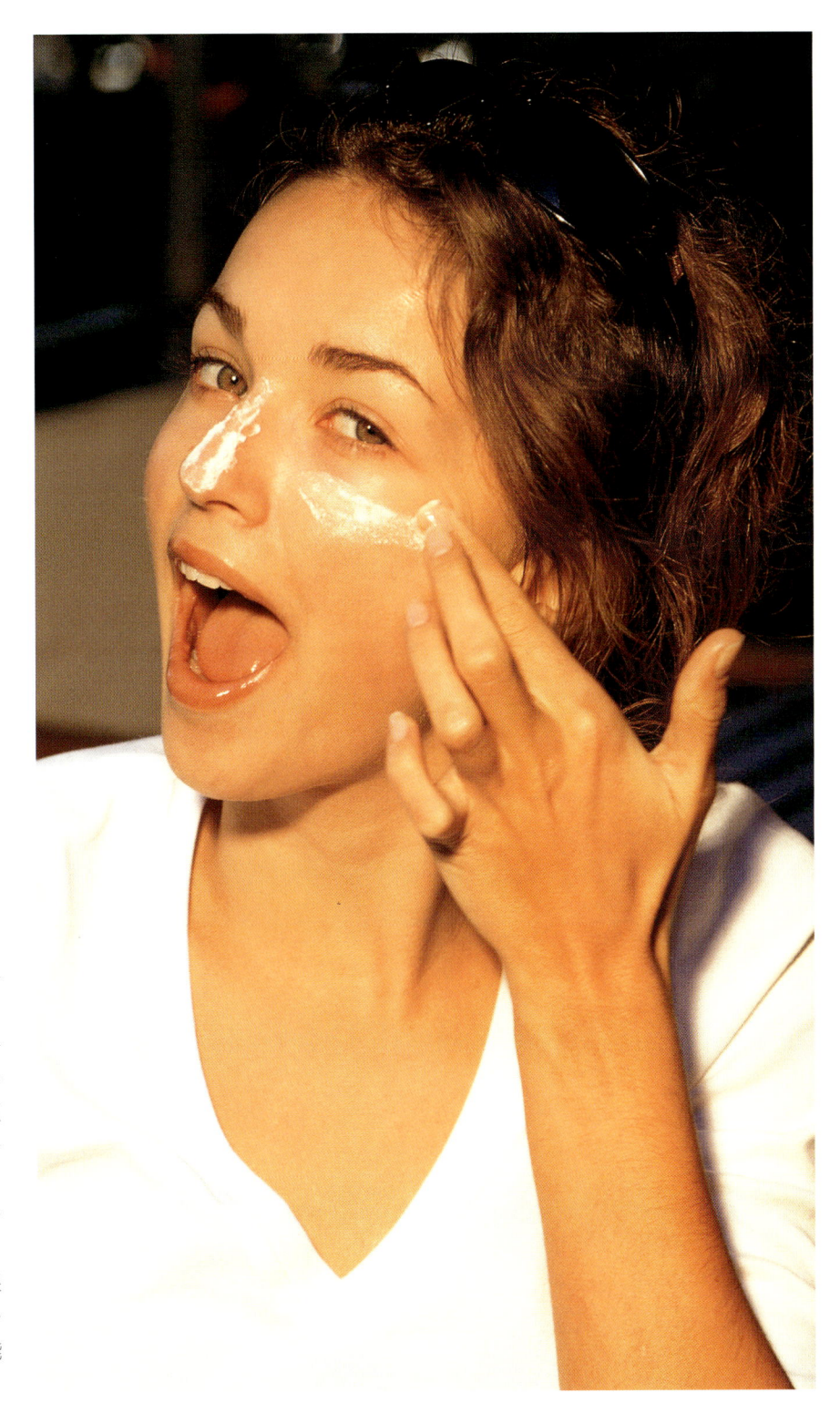

remedies
for burns and bites
日焼けと虫さされの対処法

直射日光に当たりすぎたり、虫にさされて肌を痛めた経験は誰にでもあるものです。冷蔵庫やキッチンの棚から取り出した100パーセント天然の素材で痛みをやわらげ、元気な肌を取り戻しましょう。

普段気をつけていても、思いがけず日焼けしてしまうことがあります。しかし自然には、肌のほてりや痛みを取り除く素晴らしい作用のある治療薬が数多く存在します。日焼けだけでなく、軽いやけどをしたときのために、一家にひと鉢アロエベラを用意したいものです。この植物は見映えがよいだけでなく、驚きのパワーを秘めています。

たとえどんな敏感肌でも、アロエは冷やして炎症を鎮め、乾燥しながら天然の絆創膏となってくれます。古代エジプトの医者たちは皮膚の傷やトラブルにアロエを処方し、クレオパトラは美肌を保つためにアロエのジェルを肌にすりこんでいました。後に臨床研究によって、新鮮なアロエジェルには、切り傷などの傷や軽いやけどの治りを早め、感染症を引き起こす細菌と戦ってくれる作用があることが明らかになりました。

熱帯地方ならアロエは屋外で成長します。涼しかったり、霜が降りる心配のある地域なら、窓際のテーブルが置き場所に最適です。使うときは、アロエの葉を切り取って皮をむき、日焼けした肌に当てます（アロエのジェルをつけると、かたつむりの通った跡のような、粘り気のある跡が残ります）。アロエベラを材料にした抗酸化ジェルを手作りしてもよいでしょう。夏場は冷蔵庫で保管します。

ジェルの作り方

● アロエの外側にある大きめの葉を切り取り、ピーラーか小型のナイフで皮をむいて、ミキサーかフードプロセッサーにかけます。

● アロエジェル50ml（1/4カップ）に対して、粉末のビタミンCを500mg、ビタミンEカプセル（400IU）1粒を開けた中身と、ラベンダーのエッセンシャルオイルを小さじ1/2杯加えます。

● 材料をしっかり混ぜ合わせればできあがりです。このジェルを、切り傷、やけど、虫さされなど、皮膚の炎症を起こしたときに付けてください。消毒したガラス容器に入れて冷蔵庫で保管すれば、2ヶ月ほどもちます。

最近の研究によって、直射日光を浴びたあとエクストラバージン・オリーブオイルを肌にたっぷり塗ると、皮膚ガンの予防効果があることがわかりました。試験では、肌に有害な紫外線を大量に浴びたあとの皮膚にエクストラバージン・オリーブオイルを塗ると、塗らなかった場合に比べて、皮膚の腫瘍は小さく、数も少なく、生命にかかわるほどの進行を見せませんでした。これは、エキストラバージンオイルに含まれる、高レベルの抗酸化物質のおかげだといわれています。ですから、日焼けした肌のマッサージには、オーガニックで、エキストラバージンのオリーブオイルを使いましょう。ただし、「エキストラバージン」でなければ肌の保護効果はありませんので、注意が必要です。

肌のほてりを静める効果がある食品として、このほかにプレーンヨーグルトが挙げられます。

自然の虫よけとは？
オーガニックな生活とは、食品にまく殺虫剤を避けるという意味です。ではなぜ、自分の皮膚には積極的に虫よけをまくのでしょうか？　多くの人は、単に蚊などの虫にかまれるのを避けたいがためそうしているのです。

皮肉なことに、虫よけスプレーを使えば使うほど、虫に耐性がつくため、人間はより強力な化学物質で皮膚を保護しなければならなくなります。殺虫剤や虫よけの歴史とは、さらに抵抗力の強い害虫を生み出してきた歴史でもあるのです。さらに、「パーソナル防虫剤」の中には、望ましくない影響を与えるものもあるようです。虫よけ商品の主成分であるディート（DEET／ジエチルトルアミド）は、ベトナム戦争中に米軍が開発、試用した昆虫忌避薬であり、使用者の健康を害することがあります。また乳幼児の死亡にも関連しているという指摘すらある薬品です。1989年、米国環境保護庁は、ディートの使用後に頭痛やけいれんを起こしたり、気を失うという報告を数件受け、消費者広報を発行しました。この広報紙では、痛みがあったり、傷のある皮膚には絶対ディートを使用しないこと、また目と口にかからないようにすること、そして使用後はせっけんと水でしっかり洗い落とすようアドバイスしています。

大多数の人々は直感的に、このような化学兵器に頼って虫をよける必要はまったくないと考えるでしょう。天然のエッセンシャルオイルは、虫よけスプレーの代わりになってくれます。加えて、このオイルは実際に虫を殺すようなことがなく、単に虫を寄せ付けないだけです。生態系によって自然の均衡が保たれていると考える人々には、より受け入れやすいアプローチのはずです。

ラベンダー、ゼラニウム、レモン、レモングラス、シトロネラ（コウスイガヤ）のエッセンシャルオイルには、虫よけ効果があります。ソファやベッドサイドで、いずれかのオイルに熱を加え、揮発させてみてください。ラベンダーのオイルなら薄めず、そのまま肌につけることもできます。他のエッセンシャルオイルの場合は、ホホバやグレープシードなど、ベースとなるオイルで薄めれば肌につけられます。ベースオイル大さじ1杯に、エッセンシャルオイル12滴という割合で加え、皮膚の弱い部分に塗ります。特に足首や手首には必ず塗りましょう。

インドのニームノキから採取するニームオイルは最高12時間という優れた虫よけ効果があると言われています。ドクター・ハウシュカはこのニームをベースにしたオイルを作っています。

もし室内の虫が問題なら、エッセンシャルオイルを点々とたらした木綿の布きれを部屋にぶら下げてみてください。環境にやさしいのはもちろんのこと、とても健康的です。化学処理したハエ取り紙の発ガン性が指摘されていますから、このような市販品の代わりに使いましょう。

ラベンダーやシーダーの香りをつけたハンカチを引き出しに入れたり、コートハンガーにかけておけば、蚊をよせつけません。

虫さされの治療法

虫にさされたら、冷湿布を試してみてください。カモミールとラベンダーのオイルを数滴たらした氷水に布を浸して絞り、15分間患部に当てます。

reviving face masks

手作りパック

パックは心地よく、心からあなたをリラックスさせるスペシャルケア。

お肌の手入れに、ぜひ定期的に取り入れましょう。

ここで紹介しているパックの材料は、すべて食べられる安全なものばかりです。

パックは、必ず行わなければならない美容法ではありません。しかし、週に1～2度のパックが、顔色を明るくしてくれるだけでなく、ほんの数分間、仕事の手を休めて心からリラックスする完ぺきなチャンスを与えてくれる、ということを多くの女性たちが実感しています。これから紹介するパックの材料は、どれもキッチンで簡単にみつけられるものばかりです。

顔と手を明るくするパック
アボカド　1/2個
皮をむいたトマト　大さじ1杯
レモン果汁　大さじ1杯

皮をむき、種を取ったアボカドをつぶしたら、他の材料を加えてなめらかなペースト状になるまで混ぜ合わせます。

　このペーストを顔と首に塗り広げ、20分経ったらぬるま湯で洗い流します。顔を軽くはたいて、水分を飛ばしましょう。

　肌がひどく乾燥している場合は、トマトの代わりにハチミツを大さじ1杯加えてください。その他の材料と手順は同じです。

ハチミツとアボカドのパック（普通肌・乾燥肌向き）

卵とアボカドはよく混ざり合い、どちらにも高い保湿力があります——アボカドには、20パーセントの脂肪分が含まれているのです。さらに、このレシピには、肌を整え、なめらかにするマヨネーズが使われています。緊急事態なら、マヨネーズを顔に直接つけることだってできちゃうんです！

卵　1個
アボカド　1/2個
オーガニック・マヨネーズ　小さじ1杯
ハチミツ　小さじ1杯
重曹　小さじ1杯
オレンジ・エッセンシャルオイル　2滴

卵、アボカド、マヨネーズをミキサーにかけてピューレ状にしたら、ハチミツと残りの材料を加えます。泡立て器で混ぜ合わせる場合は、重曹を最後に加えてください。

　このパックは、1度に使い切ってしまわなければなりませんので、余ったパックは、胸元や首回りにつけてください。

手作りパック　41

すが、それが普通ですので心配しないでください。

たるんだ首を引き締めるパック
ハチミツ　大さじ1杯
アーモンドオイル　大さじ2杯
材料を混ぜ合わせたら、料理用の刷毛でやさしく首に塗り広げます。30分おいたら、ぬるま湯で洗い流します。

週に1度このぜいたくな首のパックを実行すれば、肌の柔らかさとなめらかさが違ってくるのがわかるはずです。

これら手作りのパックは、冷蔵庫で保管しましょう。もし固くなってしまったら、使用前に、お湯を張ったボウルに容器ごとつけてください。

特にフランス人女性の間では、引力に逆らい、下から上へとおこなう首のマッサージが定着しています。首にクリームやオイルをつけたら、この方法でマッサージすれば、さらに効果的です。

しわ対策パック
にんじん　大1本
オリーブオイルまたはアーモンドオイル　大さじ1杯
フードプロセッサーに専用のアタッチメントをつけて、にんじんをすりつぶし、オイルを加えて、しっかり混ぜ合わせます。冷蔵庫で1～2時間冷やしたら、できあがりです。目のまわりとほおにつけて、30分ほど時間を置きます。この間はゆったりと腰掛け、目を閉じてリラックスしましょう。ぬるま湯で洗い流します。

脂性肌用パック
卵白　1個分
レモン果汁かリンゴ酢　小さじ1/4杯
作り方はとても簡単で、あっという間にできあがってしまいます。卵白を泡立て、レモン果汁かリンゴ酢を加えて混ぜ合わせます。

できあがったらすぐ、洗顔した肌につけましょう。10分経ったら、洗い流します。

このパックをつけると肌がつっぱりま

つぼマッサージ

toning *massage*

疲れたような顔に見えますか？　たるみが気になりますか？

もしそうなら、いたって簡単な12ヶ所のつぼマッサージを試してみてください。

血行がよくなり、自然なつやと活力が肌によみがえってくるでしょう。

「引き締め」と「張り」は、現在スキンケアの世界で流行語となっているようですが、疲れやたるみの出てきた顔を、クリームの厚塗りで元気にすることはできません。古代から、日本と中国では「つぼ」を刺激して、顔をいきいきさせる技術があります。つぼ押しによって間質液の排出が促され、また肉体の活力源である「気」の流れが刺激されるため、顔のむくみが取れるのです。

マッサージの効果とは？

フェイシャル・マッサージは、顔に溝を刻む原因となる筋肉の緊張をほぐすことによって、年齢を感じさせない肌に導きます。血行を促せば、酸素と必須の栄養素が肌に運ばれ、毒素を排出する助けになります。

理想を言えば、つぼ押しを基本とした1回のフェイシャル・マッサージに12分間かけたいのですが、つぼ1ヶ所をほんの数秒間押すだけでも、肌の状態が違ってくるはずです。

このつぼマッサージを日常的なお手入れとして、夜の洗顔時に取り入れてみてください。洗顔料を顔につけたら、つぼマッサージをし、そのあと、いつものように洗顔し、洗顔料を洗い流しましょう。

フェイシャル・マッサージは素顔でも、またメイク後でも行えます。素顔で行うときは、オイルをつければ、つぼからつぼへと指がなめらかに動きます。メイクをしているときは、指を顔の上で滑らせないようにしましょう。指圧の場合と同様に、つぼの場所だけ指を当てるようにします。両手の中指を使って、顔の両側のつぼを左右対称に押します。顔の中央に位置するつぼの場合は、どちらか一方の中指を使いましょう。

時間が取れるときは、つぼ1ヶ所を1分間押します。時間がなければ、5〜10秒でも効果が期待できます。

つぼ押しの手順

1. 黒目の真上の生え際に指を当て、深呼吸しながら内回りに円を描くマッサージをします。

2. 指を、生え際とまゆ毛の中間まで滑らせ、同じように、内回りにクルクルとマッサージします。

3. 次は親指を使います。まゆのすぐ下の鼻すじの両脇に指を当てます。この部分は、円を描くのではなく、上向きに押します（少々痛みがあります）。

4. まゆ尻に指を当て、外回りにマッサージします。

5. 目尻を外回りにマッサージします。

6. 目の下の、ほお骨の一番高い部分を外回りにマッサージします。

つぼマッサージ 43

7. 指を小鼻の高さまで下に滑らせ、外回りにマッサージします。

8. 鼻とくちびるの中央を結ぶくぼみを、右回りにマッサージします。

9. あごの中央を右回りにマッサージします。

10. 再び左右の中指を使い、あご先の両脇の、あごのライン上に指をおき、外回りにマッサージします。

11. あごのラインに沿って指を滑らせ、あご先からあごの関節までの中間の位置を外回りにマッサージします。

12. あごの関節の手前にある筋肉（若干へこむ部分）を探してください。あごの力を抜いて自然に口を開いた状態にし、この部分を外回りにマッサージします。

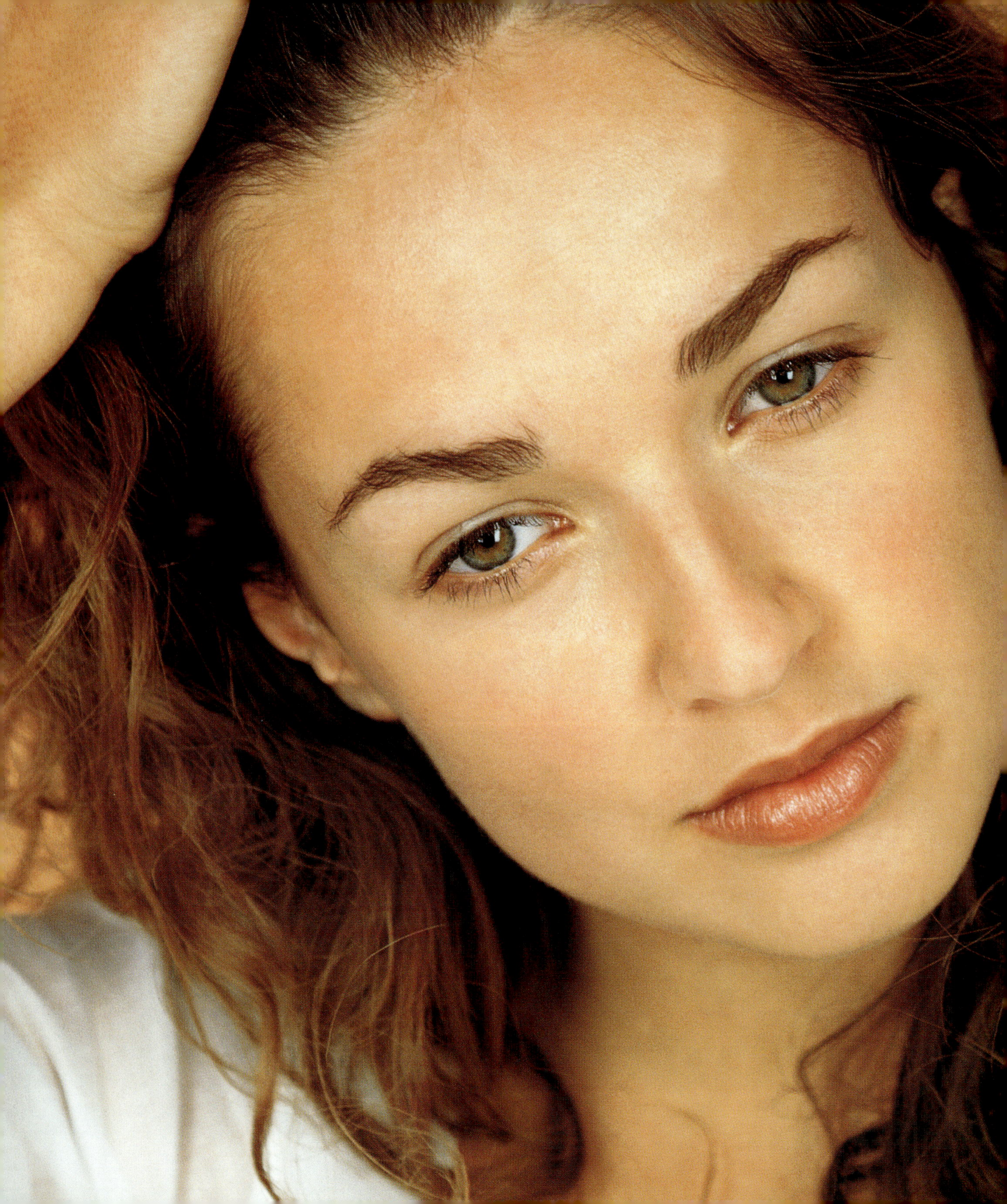

私たちはみな、肌を様々な要素から守り、清潔に保つためのスキンケア商品を必要としています。しかしメイクアップに関しては、必要ないと考える女性もいますし、実際メイク用品に使われている原料には疑問を感じるものもあります。特に口紅の原料は問題です。しかし、ごく軽くでもメイクすれば、気分

フェイシャル・ビューティ

が高揚する効果があります。この章では、真のナチュラルメイクのテクニックを紹介します。それは、あなたをあなたらしく、なおかつより美しく見せるという意味だけでなく、自然志向でピュアな素材を使ったメイクアップなのです。

オーガニック・メイクアップ

organic make-up

オーガニック・ビューティを目指すあなたなら、メイク用品を買うときも「本物」の自然化粧品シリーズを選びましょう。化学合成物質の代わりに鉱物色素を使っていることがそのポイントです。

素顔が美しい人と見られたいのは、誰しも同じです。完ぺきな世界では、誰もが素顔で自信に満ちているのでしょうが、私たちの大多数は、化粧品の助けを少しばかり必要とします。うれしいことに、メイクアップは浮ついた行動ではありません。研究で、女性がメイクをすると、免疫力がかなり高まることがわかっています。ですから、メイクは見映えをよくするだけでなく、気分を高め、感染症に対する抵抗力をつける作用もあるようです。

自然に見えるメイクアップ

メイクアップ商品に関しては、多くの人が天然成分よりも実用性を重視する傾向にあります。ほんの何年か前まで、真の「自然派」には、交換条件として使いにくさがついてきました。仕上がりの悪いマスカラやファンデーション。それらの安定性は、立派な研究施設をもつ主要化粧品メーカーの足下にも及びませんでした。しかし現在では、非常に仕上がりの素晴らしい自然派のシリーズがいくつか出ています。なぜメイクアップに不安を感じる必要があるのでしょうか？ 顔は、体に比べればごく狭い面積に過ぎません。そこに、わずかなメイクアップを施すことで体に悪い影響があるのでしょうか？ あるかもしれませんし、ないかもしれません、というのが答えです。判決はいまだに下されていないのです。トレードマークの白塗りに使う、鉛のおしろいで健康を害したエリザベス女王1世の時代に比べれば、メイクアップ商品の質は明らかに向上しています。しかし、米国食品医薬品局承認の、FD&C色素は問題です。この色素は、アイシャドウやチークカラーに使われています。

色素

成分表を見て、「色素」の前に「FD&C」という文字がついていたら、米国の食品医薬品局が、食品、医薬品、化粧品への使用を認めている色素という意味です。しかし、FD&C色素の原料はコールタールです。ということは、元はと言えば瀝青炭（れきせいたん）であり、ベンゼン、ナフタリン、クレオソールを含んでいることになります。コールタール抽出物の問題点は、それらに発ガン性があることです。また、アレルギー反応を誘発しやすく、発疹やひりひりとした痛みを引き起こすことがあります。

アルミニウムもまた、健康志向の消費者にとって不安な原料です。なぜなら、アルツハイマー病との関連が指摘されているからです。おしろいなどのパウダー類を顔にはたくとき、私たちはその粒子を吸い込んでいます。

滑石（タルク）も、発ガン性物質であるアスベストと同じ鉱物グループから精製

されており、避けたほうがよい成分です。加えて、多くのメイクアップ商品には、鉱物油と石油抽出物が含まれています。これらは、資源維持の面で問題があるだけでなく、肌のトラブルを引き起こします（参照→P.10〜11）。

鉱物色素

しかし、よい知らせもあります。スキンケア商品のみならず、メイクアップ商品にも真の自然派を望む声に応え、メーカーは合成色素や化学物質の代わりに鉱物色素を使用した商品作りを始めています。これらの鉱物はミクロ単位の微粉末に砕かれているため、肌にベールをかけて保護しながら、素顔のような自然な仕上がりになります。

ドクター・ハウシュカは、有害性のある成分を一切排除した、真の自然派メイクアップ商品を揃えています。驚くほど仕上がりのよい、素晴らしいシリーズです。ドイツのロゴナも同様にピュアな原料を使っています。このメーカーは独自の試験を行い、自社製品に使われている滑石にアスベストが含まれていないことを確認しています。

ジェーン・アイルデールのメイクアップ商品は、天然成分と鉱物性のパウダー（酸化亜鉛、酸化鉄、微粉状にした二酸化チタン）のみを使用し、FD&C色素、保存料、香料は無添加です。刺激がまったくないため、美容外科が手術後のカムフラージュ用化粧品に指定しているほどです。またこのシリーズには、高い紫外線防止効果があります。

米国にお住まいなら、ベア・エセンチュアルズ i.d.コレクションやラ・ベラ・ドンナ・ナチュラルセラピーのメイクアップ商品を探してみてください。超ハイテク技術によって、これらの製品には、香料、保存料、油分が一切使われていません。エスティローダーの1ブランドであるアヴェーダは、自然派に向け大きく前進しました。石油抽出成分を使わず、南米産ナッツのウルクなどを原料にした天然色素を口紅に使うことを、ブランドポリシーとしています。容器の面でもアヴェーダは評価できます。リサイクルの金属ケースに、選んだカラーをはめこむ方式です。

アヴェーダは、おそらく自然派化粧品の中で、もっともよくショップで見かけるブランドだと思います。他のメーカーの多くは、通信販売をおこなっています（参照→P.122〜124）。エスティローダー帝国の、もうひとつの自然派ブランドであるオリジンズも、石油抽出成分を使用しないことを宣言しています。オリジンズは、「努力中」のブランドに分類できる、中くらいの自然派です。一方、ザ・ボディショップはメイクアップ商品に、アルミニウムを使用しないことをポリシーとしています。

このような原料に関する指針は、より自然なメイクアップに興味をもっている女性だけでなく、敏感肌の女性にも役立ちます。商品に含まれている数々の合成色素、保存料、香料を減らし、肌のトラブルに見舞われる可能性を減らしましょう。

メイクアップに関しては、少な目に使うほうが効果的です。正しい技術さえあれば、日頃使うべきと考えている量よりはるかに少なくてすむことがおわかりになるでしょう。

七色の不安！？

ショップのカウンターで、洗練された濃い色のシャドウを目にすることがよくあると思います。鉱物色素を使った自然派シャドウにも、濃い色のものがないわけではありませんが、やはり主はアーストーンです。このアーストーンがメイクをよりナチュラルに見せてくれます。虹の七色のような鮮やかな色は、鉱物色素よりも合成色素を調合して作られていることが多いものです。化粧品を買うときは、このことをお忘れなく。

foundation
secrets

ファンデーションの秘密

これまで、ナチュラルなファンデーションと言えば、肌につけたときに自然に見えるという意味でした。しかしこれからはラベルをチェックし、環境にやさしいと言えない成分の含まれたものは排除しましょう。

事実：美しい肌なら、コンディションのよくない肌のときほど隠す必要はありません。食生活や運動に関する次のようなアドバイスに従えば、肌はつややかに輝き、ファンデーションで隠す必要性は減るでしょう。

強力なベース
もしオーガニック美容法を重視するなら、ファンデーション選びがとても大切です。ファンデーションは肌にとどまり、顔の大部分をカバーし、他のメイクアップのアイテムよりも使う量が多いからです。成分をじっくりチェックして、鉱物油（ラテン語表記：paraffinum liquidum）やワセリンを使った商品はつけないようにしましょう。これらの成分は、肌の表面下に吹き出物や白ニキビを作りやすいからです。手っ取り早い方法は、成分表すべてに目を通すかわりに、「ニキビを作らない」という表現があるかどうかパッケージを見てみることです。このように書いてあれば、毛穴をふさがない商品だということです。

これからファンデーションを買い求めるなら、シャドウと同様に、P.46〜47で紹介したブランドの商品をおすすめします。

ファンデーションの量は、おそらくあなたが普段使っている量よりも少なくてよいはずです。鏡をのぞき込んでください。拡大鏡だと、誰の肌でもきれいに見えませんので、普通の鏡にしましょう。そして、ニキビやしみ、毛細血管の切れているところにファンデをよくなじませます。もっとしっかりカバーしたい場合は、肌のトーンにぴったりマッチしたコンシーラーを使います。世界的なメイクアップ・アーチストのケヴィン・オーコインは、コンシーラーを上手に使いこなすようすすめています。ファンデの代わりにコンシーラーをていねいになじませるのです。特にこのテクニックは熟年世代の肌に有効です。スポンジは必要ありません。スポンジは使いにくいうえ、つけすぎの元になります。

ファンデとコンシーラーは、パウダーをはたいて落ち着かせる必要があります。ベルベットのパフかブラシでつけましょう。ブラシはよくすすめられるような、大きくふわふわとしたものでなく、パウダーを思い通りの場所に確実にのせられる直径2センチのものを選んでください。パウダーは通常、油分の多いTゾーンだけに使います。すなわちテカリがちな額、鼻すじ、あごです。

ファンデーションの秘密　　**49**

　パウダーを吸い込んで、むせたりしないように、ブラシの根本やベルベット・パフを平らなところでしっかり叩き、余分な粉を落としてから肌につけましょう。

つやを消す
日中に女性が度々パウダーをつけ直す理由は、テカリを抑えるためです。脂性肌の女性で、P.26～27のアドバイスを実行した方は、以前ほどテカらなくなったことにお気づきでしょう。油分を吸い取るパウダーを重ねる代わりに、P.25で紹介した「ティッシュ1枚テク」をぜひ試してみてください。メイクを崩すことなく、テカリを取ることができます。
　健康的なつやを出すために、本章で触れたメーカーのほとんどがブロンズ色のパウダーを作っています。このパウダーをつけるなら、大きなサイズのブラシを使いましょう。毛足ができるだけ長く、サイズも大きいほうがいいのです。この大きなブラシで、ブロンズ色のパウダーを額、鼻すじ、あご、ほお骨の一番高いところにはたきましょう。つまり、自然に日焼けしやすい場所につけるのです。ブラシにいったん色をのせたら、固くて平らな場所でブラシの持ち手をトントンと叩き、余分な粉を払います。そうしないと、パウダーをつけすぎてしまったり、飛び散った粉を吸い込むことになってしまいます。
　モイスチュアライザーをつけて10分おいてから、メイクアップを始めましょう。こうすれば、メイクがより長持ちしますし、日中メイクを直す必要がなくなります。

blusher
and bronzing

チークカラー

健康的なつやのある肌には、誰しも憧れます。陰鬱（うつ）な真冬は特にそうでしょう。ベストに仕上げるためには、ここで紹介する自然派化粧品を購入するか、手作りしてみてください。

元気に散歩を楽しんだあとのような、健康的な肌のつやを得るためには、もちろん元気に散歩に出るのが一番です。しかし、チークを使って顔色を健康的に見せることもできます。

ショップで販売されている中で、もっとも自然派のチークはやはり、メイクアップの章の始めに紹介したメーカーの商品です。すなわち、ドクター・ハウシュカ、ロゴナ、ジェーン・アイルデール、アヴェーダ、オリジンズ、ザ・ボディショップの「カラーリングス」シリーズです。

これらメーカーのチークはパウダータイプですが、オリジンズはジェル状です。「ピンチ・ユア・チークス」という名前の商品で、多くの著名人が愛用しています。ごく少量で、たいへん薄く伸び、驚くほどリアルなほおの赤みを演出してくれます（あなたがあまりにも不器用なら話は別ですが）。

流行に敏感な多くの化粧品メーカーは、クリームやパウダータイプのチークの代わりに「チーク・ティント」を売り出しています。これは、ナチュラルで、透明感のある健康的なつやをほおに与えてくれる商品です。また、ビートの根の絞り汁でも驚くほど簡単に作れます。

では、チークを買ったら、どのようにつければよいのでしょうか？ メイクの常識とは相反しますが、もっとも自然に見せたいなら、ほお骨に沿ってチークをすじ状に入れないことです。顔が紅潮したとき、こんなふうに赤くなる人はいないでしょう。ごく自然な感じで顔色を明るく見せるには、「ほおのりんご」にチークをのせるのです。ほおのりんごとは、少し出っぱった部分です。ここにチークをつけ、軽いタッチで顔の外側に向かってなじませます。どのようなタイプのチークを使う場合でも、このテクニックを実行してください。

チークカラーの作り方

ばら色のほおに見せるためのチークカラーを、有機栽培のビートの根を使って手作りすることもできます。できあがりは、大手化粧品メーカーの商品とまったく同じものになりますし、もちろん保存料や合成色素の心配は一切ありません。その

透明感は、屋外でレジャーを楽しむ日の素顔に、ごく自然なつやを与えるのに最適ですが、ファンデーションのあとにつけることもできます。肌の上にとどまるパウダータイプと異なり、このチークは粉っぽく見えません。

チーク・ティントの作り方
グリセリン　小さじ1杯
ビートの根の絞り汁　4～6滴
（量を増やせば色が濃くなります）

　生のビートの根をすり下ろして漉し、ジュースを作ります。これを鍋にかけ、1/4の量になるまで煮詰めてください（量に注意！）。それを冷まし、ガラスの小瓶に入れたグリセリンに、じょうごを使ってジュースを加え、しっかり振り混ぜます。

　メイクアップ用品を作る技術はたいへん複雑なので、自宅で手作りできるチークのレシピはこれひとつだけです。

soothing
tired eyes

疲れ目をいやす

コンピュータ、テレビ、長時間労働の世界では、

目――もっとも大切な顔の造作のひとつ――が、酷使されています。

ここでは、目の疲れを癒す方法を紹介しましょう。

夜型の生活、コンピュータ作業、そして読書までもが目に負担をかけています。寝不足によって目は充血し、くまができます。食物や花粉、メイクに対するアレルギー反応でまぶたが腫れることもあります。疲れ目を生き生きさせる最良の方法は、目を充分休ませることです。とは言え、ライフスタイルの原因による目の痛みや充血のために、目薬に手を伸ばす必要はありません。

まぶたの腫れ

朝起きても、なかなかまぶたの腫れが収まらない場合は、アレルギーが原因と考えられますので、アレルゲンを特定する必要があります。アレルギー体質の方はなおさらです。夜寝る前に目の回りにつけた化粧品や、寝具のマットレスやカバー類にひそむダニもアレルギーを引き起こします。

　ごくまれではありますが、血行障害など、健康状態に問題があるために目の回りが腫れることがあります。もしひどく腫れぼったかったり、長時間収まらない場合は、眼科で診察を受けてください。

ドライアイを癒す

空気がひどく乾燥していると、目が疲れて、かゆくなりがちです。目にやさしい環境作りのために加湿器を使ったり、オフィスや自宅に植物を置き、度々それらの葉に霧を吹いてやるとよいでしょう。

疲れ目を癒す

きゅうりや生のじゃがいものスライス、ハマメリス・エキスに浸したコットンには、いずれも高い鎮静効果があります。コゴメグサは、活性効果のある薬草です。グラス1杯の湯冷ましを冷やし、コゴメグサのエキスを30滴加えて冷蔵庫で保管します。オーガニック・コットンにたっぷり含ませれば、目の疲れを癒す抜群の効果があります。朝晩使いましょう。

目が充血したら

赤くなった目に注意が向かないよう仕向けるため、メイクは薄めにしましょう。赤味のある色、例えば、パープル、ワイン、ピンクなどのアイシャドウは使わないでください。

まぶたの腫れを取る方法

● カモミールのオーガニック・ティーバッグ、2パックに沸かしたてのお湯を注ぎます。ティーバッグを入れたまま冷まし、冷蔵庫で冷やしておきます。使うときには水分を絞りましょう。仰向けになり、ティーバッグを目にのせます。15分間そのままでくつろぎましょう。

● 紅茶に含まれているタンニンには炎症を抑える効果があります。ブラックティーかオレンジペコーのティーバッグでも、試してみてください。

● 目を中心に円を描くように、目の回りの骨を中指で強めに叩いていきます。こうすると、腫れの原因となる間質液の排出が促されます。

● アイピローを手作りしましょう。種や米を詰めて作り、目の上にのせて使います。たいへん心地よいうえ、ピローの重みによって、まぶたにたまった間質液が排出されやすくなります。

　ピローの作り方：12.5 x 22.5センチ程度にカットした正絹もしくは100パーセント天然素材のサテン地を2枚用意します。封筒のような形に中表に縫い合わせたら表に返します。じょうごが入るよう、口を2.5センチほど残して残りの一片もミシンで縫っておきます。亜麻の種か生米を1カップ詰めましょう。お好みで、香りづけにつぶしたバラやラベンダーの花びらを入れるのもよいですし、眠りを誘う効果のある、乾燥ホップを加えてもよいでしょう。最後に口を手縫いで閉じます。

● 冷凍庫で冷やしたステンレスのティースプーンも、まぶたの腫れに効果的です。仰向けに寝ころんでリラックスし、冷やしたスプーンの背で、2～3分まぶたを押してください。

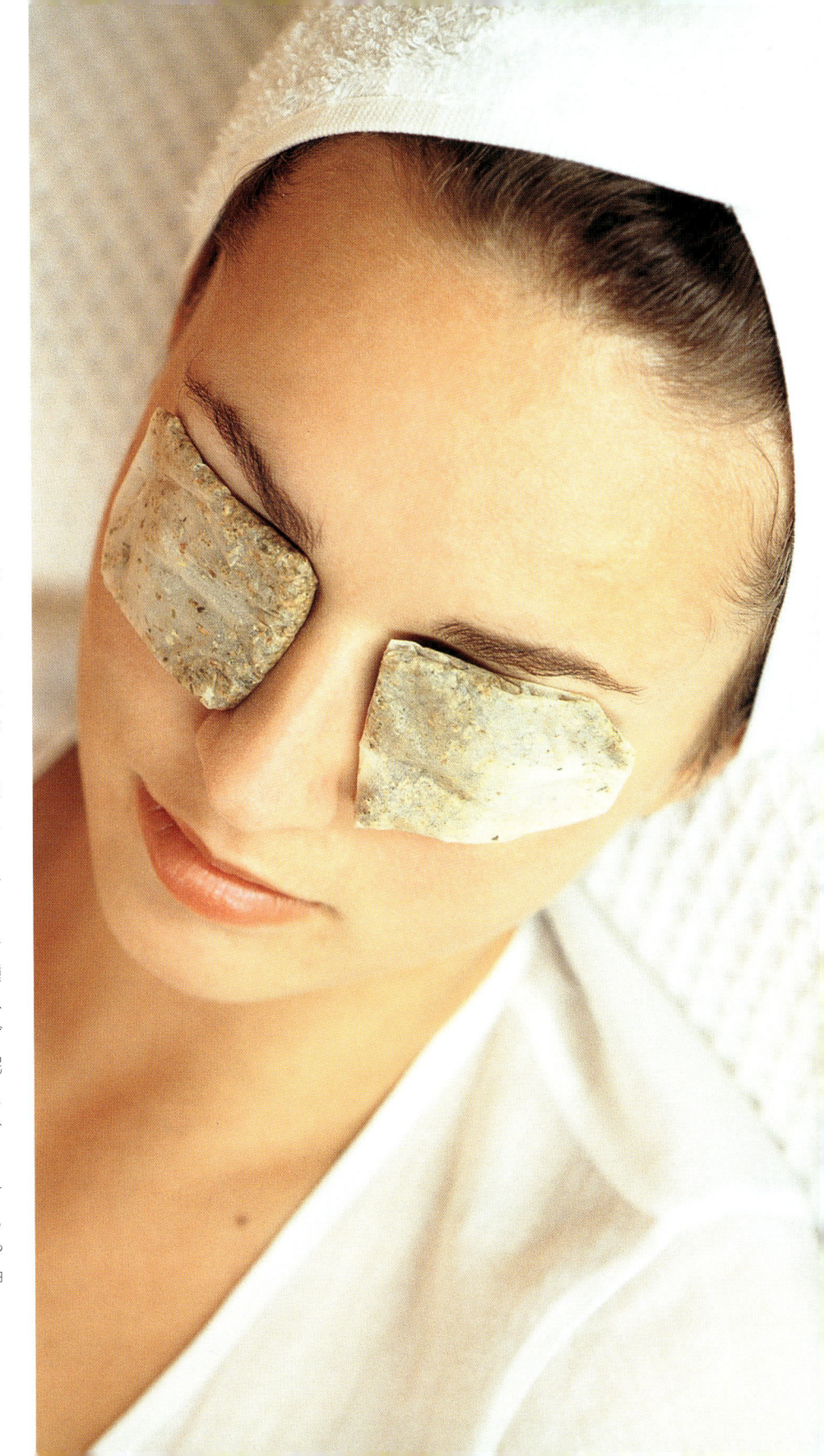

make-up *for eyes*

アイメイク

初対面の人に会うとき、相手に第一印象を与えるのは、たいがい目です。

目もとに充分注意を払い、パーフェクトで、なおかつナチュラルなアイメイクを施し、

あなたの目の魅力を最大限に引き出しましょう。

目は心の窓です。クレオパトラの時代よりもはるかに前から、女性は黒いラインを入れて目にアクセントをつけていました。今日ではマスカラの人気が高く、無人島にたったひとつ持ち込むならこれと言われるほどの必須アイテムです。

アイメイクに関する問題点は、他の部分のメイクと同様です。つまり、鉱物油、ワセリン、合成色素、アルミニウムをアイメイクに使いたいですか、ということです。もし使いたくないなら、これまでにご紹介したメーカーが、研究所で化学合成した物質に代わる、天然成分を使った素晴らしい商品を作っていますので、そちらを使ってください。

アイメイクのコツ

まぶたに軽くファンデーションをつけておけば、肌色につやが出て、アイシャドウののりがよくなります。2色以上のシャドウを使うなら、まゆの近くにもっとも明るい色を入れ、中間の色をまぶた全体に、そして、目のまわり（まつげの生え際）を濃い色で縁取ります。「まつげを長く見せるマスカラ」をつける必要はありません。メイクのプロによると、まつげを長く見せるには、マスカラをまつげの根本にしっかりつけることが大切だそうです。同様に、アイライナーはまつげのすき間を埋めるように引きます。まゆとまつげを強調すれば、これまでよりもアイメイクはあっさりとすませることができます（シャドウで色を差さないと目が「消えて」しまう、青い目でブロンドの場合は特にそうです）。メイクアップ・アーチストのメアリー・グリーンウェルは、「まゆが顔を作るのです。目に注意を引きつけ、目をより大きく、くっきりと見せる役割を果たしてくれます」と語っています。

まつげを染めるべき？

まつげを染めたことのある人の経験談では、染料が目にしみて涙が出るという話が一様に出てきますし、美容師もお客さんの目に染料が入らないよう、予防措置に気を使わなければなりません。染料に関しては、他にも健康上の問題点（参照→P.84〜85）があります。加えて、マスカラにドクター・ハウシュカの「バラの香り」（目にしみないという点でもパーフェクトです）のようなよい商品がある以上、まつげを染める必要がどこにあるでしょうか？

ブラシに関する注意

ほとんどのメイク用ブラシは獣毛で作られており、それらは毛皮産業の副産物です。しかしオリジンズのブラシは、たいへん使いやすくて「獣毛と区別がつかない」ブラシを作っています。一方アヴェーダの場合は、「動物にブラシをかけながら、ていねいにすきとった」本物の毛で作ってあるとのことです。ザ・ボディショップとシュウ・ウエムラのものは、化学繊維です。ブラシを購入する際は、お店の人に素材を確認してください。なぜなら、それら人工のブラシの毛はクロテン、リス、ポニーの毛のものと見分けがつかないからです。

アイメイク

まゆの描き方

まゆを描くなら、アイメイクの前におこない、目を縁取りましょう。先を削ってよくとがらせたペンシルを使い、まゆのラインに沿って、軽いタッチで進めていきます。まゆげを色づけるのが目的で、肌に描くのではありません。手が震えないように気をつけて、まゆの自然なアーチに従いながらペンシルを動かします。耳の方向に向かって、少しだけまゆのラインを延長するのは構いません。この場合は、やさしく肌に描きます。ラインを指でなじませますが、ぼかさないでください。

ペンシルの代わりに、まゆの色よりも若干濃い色のパウダーアイシャドウを、まゆのアーチに沿って、肌ではなく、まゆげそのものに軽いタッチでなでつけてもよいでしょう。斜めにカットし使いやすくしてある、アイブロウ・ブラシも売られています。まゆの色をより長時間保たせるために、ブロウ用の商品を重ね使いしてみてください。1にペンシル、2にパウダー。これでまゆのラインが落ち着くはずです。古いマスカラを、まゆ用のブラシとして再利用しましょう。ブラシをよく洗って、まゆを色づけたあと、とかして形を整えます。このときに、バーム──なければリップクリームでも──をごく少量まゆにつけてもよいでしょう。ペンシルやパウダーを選ぶ際は、少しでも赤みが入った色は避けるよう注意してください。

まゆの毛は抜くべき？

きれいな弓形にまゆを整えれば目の回りがすっきりするため、あまりアイメイクをする必要がなくなるのは確かです。しかし、まゆげを抜いて整えるかどうかは個人の好みの問題です。これだけは覚えておいてください。繰り返し毛を抜かない限り、まゆげはまた生えてきます。

毛抜きに手を伸ばす前に、古代マヤの人々の、次のような信条について考えてみてもよいかもしれません。「人間には五感をはるかに越える感覚をもっており、まゆげはネコのひげと同じように、人間のセンサーとして働いている」。

まゆげの抜き方

1 自然光の射す場所に座り、拡大鏡を手に持ちます。天然素材の洗顔料でまゆのあたりをよく洗い、ローズウォーターかハマメリス・エキスで洗顔料をていねいに拭き取って、肌を清潔にします。

2 アイブロウペンシルを使って、まゆの自然なライン(左の「まゆの描き方」を参照)を描いておきます。こうすれば整えやすく、抜きすぎることもありません。まゆの上端の皮膚をやさしく上に引き上げると、まゆの部分の骨の形がはっきりしますので、その骨の形をガイドラインとします。(注意:まゆは目尻よりも少し長めにしたほうがよいので、まゆ尻を抜きすぎないようにしましょう。)

3 ラインから遠く離れた毛から抜いていきましょう。先端が鋭利で、しっかりはさめる毛抜きを使ってください。メイクのプロに愛用者が多いのは、トゥイーザーマンの製品です。

4 まゆの中ほどから始め、まゆ尻に向かって抜いていきます。次に、まゆの中ほどから眉間に向かって抜いていきましょう。まゆの中央にまゆ山がくるよう気をつけましょう。

5 必ず、まゆの自然な形に沿って、まゆの下側の毛を抜くようにします。上側は抜かないでください。毛はそれぞれの生えている方向から抜きましょう。

6 仕上げに100パーセントのティーツリー・オイルに浸したコットンでまゆを拭きます。ティーツリー・オイルはパーフェクトな天然の消毒剤です。

essential
lip therapy

必須のリップケア

毎日お肌の手入れは欠かさなくても、

くちびるまで手入れするという人は少ないようです。

ここでは、風、暖房、日射しによる乾燥からくちびるを守る、リップケア法を紹介します。

リップクリームをつけずにはいられませんか？　多くの人が中毒状態なのです。くちびるは体の中でもっとも薄い皮膚で保護されているため、たいへん感度が高い部分——性感帯のひとつでもあります。くちびるは他の体の部位と異なり、汗や油の分泌腺をもたないので、すぐに乾燥してしまいます。唾液でくちびるを濡らすと、乾燥状態に拍車がかかります。それはまるで、セントラルヒーティングやエアコンをかけたサハラ砂漠のようです。

　リップクリームを毎日つけていると、くちびるのひび割れや痛み（くちびるの皮は感染しやすい）の原因となる乾きを避けることができます。しかし、多くの一般的なリップクリームはワセリンベースであり、私個人の意見ですが、この原料は中毒性が高いようなのです。面白いことに、蝋（ろう）ベースや手作りリップクリームに切り替えた女性は、以前のように何度も塗り直したくなる衝動にかられることがなくなります。

マイ・リップケア

自分でくちびるのトリートメント剤が簡単に作れます（作り方はP.57をご覧ください）。もし手作りする時間が取れないなら、リップクリームを買うときに成分表をチェックし、ワセリンや鉱物油の使われているものは買わないようにします。その代わりに、ロウ（通常は蜜ロウか、カルナウバロウ）を多く使った製品を探してください。

　リップクリームを口紅やリップペンシルの上に塗り重ねれば、つやのあるセクシーなくちびるに仕上がり、くちびるを保護するだけでなく、くちびる本来の水分を保つ役目も果たします。

くちびるの日焼け

夏はもちろん、日が高く雲のない日は、外出時にくちびるの保護が欠かせません。調査によって、女性は男性に比べて7〜10倍ほど、くちびるのガンにかかる率が低いことがわかっています。この事実は、多くの女性が口紅をつけていることが理由と考えられます。リップクリーム——それがSPF15以上をうたった市販品でなければ——口紅と同等の保護力は期待できません。なぜなら、色素（と成分内の二酸化チタン）は、くちびるに膜を作るからです。この本で紹介した自然派化粧品ブランド（P.46〜47）の製品を選べば、あなたのくちびるがきっと喜ぶでしょう。

リップ・スムーザー

熟れたパパイヤ　1/4個

フォークでパパイヤの果肉をつぶし、ペースト状にします。タオルかシャワーキャップを頭に巻いて、髪の毛に付かないようにしましょう。タオルの上に横たわり、パパイヤの果肉をたっぷりと、くちびるとくちびるのまわりの肌につけます。そのまま10～15分おきます。ぬるま湯で洗い流し、リップクリームをつけましょう。

　パパイヤには肌を穏やかにする酵素が含まれているため、こじわの出やすい口の周囲の肌を生き生きとさせる効果があります。

リップ・モイスチュアライザー・クリーム

ごま油　30ml（1/3カップ）
砕いた蜜ロウ　20g（1/3カップ）
ハチミツ　小さじ1杯
ペパーミント・エッセンシャルオイル　5滴

ごま油、蜜ロウ、ハチミツを湯温が上がりすぎないよう注意しながら、湯煎し溶かします。溶けたらペパーミントのオイルを加えて火からおろします。ドロリとするまでかき混ぜたら、滅菌した小さな容器に入れ、冷まします。

　蜜ロウにはくちびるを柔軟にし、また保護する力があり、水分補給用のクリームを作る理想的な材料です。

natural
lip colour

天然のリップカラー

あなたがオーガニック食品以外を口にしない人ならば、くちびるにつけるものも、オーガニック製品にこだわるべきでしょう。ここでは、口紅でしっかりと仕上げながら、なおかつナチュラルに見えるリップメイクの方法をお教えしましょう。

口紅は、つけた瞬間に自己陶酔できる要素です。また、自分のイメージを変えるもっともてっとり早い方法でもあります。

真の天然素材を使った口紅やリップペンシルは、ぜひとも用意したいもののひとつです。アヴェーダの創設者であるホルスト・レッヘルバッハーによれば、口紅の使用者は、生涯1本半から4本程度の口紅を「食べている」からです。

私たちはこのように口紅をかんだり、なめたりしながら、くちびるを飾っているわけですが、口紅には、ワセリンのような消化できない成分が含まれていることが少なくありません。さらに発色をよくするために、口紅には様々な種類の合成色素や着色剤が使われています。また、アルミニウムなどの成分は言うまでもありません。

くちびるの色付け

米国の食品医薬品局は、多くの色素に潜在的な危険性があるとみなしています。ヨーロッパでは、200種類の色素が認可されていますが、米国では約80種類に過ぎません。ここで言う自然派の口紅とは、酸化鉄のような鉱物顔料を使い、タール色素を使わない商品を指しています。また、コチニールと呼ばれる食紅を含む商品もありますが、これはベジタリアンに向きません。その理由は、コチニールの原料はメキシコから中米にかけて生息する甲虫、コチニールカイガラムシのひからびた羽だからです。ただし赤色は、交尾後に自然死した虫の死骸からしか採れません。死骸は、この虫が寄生しているサボテンから機械で吸い集め、処理に回されます。

自然な色合い

今日では、100パーセント天然の原料を使った口紅が多く市場に出ています。ジュリークの場合は色数が少なく、ほとんどがピンク系のブラウンです。ドクター・ハウシュカやロゴナ（ロゴナは、ずんぐりとしたリップ・ペンシルを作っています）の口紅も探す価値があります。ただし、ドラマティックなレッドや深いパープルのような色は期待できません。天然色素では、このような深い色味が出ないのです。石油化学原料を排除したアヴェーダの口紅は、オーガニック栽培によるウルクで色付けされています。ウルクとは、ブラジルの熱帯雨林で、メーカーが原料用に育てている紅の木（bixa orellana）から抽出した植物系色素です。また、このアヴェーダの口紅には、息をさわやかにする植物抽出成分も含まれています。

アヴェーダと同様、石油化学原料を使わないことをポリシーにしているオリジンズのメイクアップ商品のシリーズには、きれいなつやの出る太いペンシルタイプのリップスティックがあります。「シアー・スティック」という商品名で、ナチュラルでつやのある色合いが特徴です。

これらのメーカーは、リップペンシルも作っており、ロゴナは、環境にやさしいポリプロピレンを原料に、両端に削り口がついたペンシル・シャープナーを作っています。削り器は、ペンシルの太さに合わせて使い分けられるよう、太軸用と細軸用が用意されています。

これら自然派のブランドは、たいへん安く入手できる石油化学原料に代わって、カルナウバロウ、蜜ロウ、ホホバオイル、シアバターのような天然のワックスを使っています。

自分でリップグロスを作ることもできます。P.57で紹介した手作りリップクリームの材料に、ビートの根の絞り汁を10滴加えて、作ってみてください。

天然のリップカラー 59

リップメイクのコツ

- リップクリームを下くちびるの中央に塗ると、ふっくらとした、赤みのあるくちびるに見えます。光の反射を生かしたテクニックです。
- 口紅をそのままつけず、紅筆かリップペンシルでくちびるを縁取り、紅筆で空間を埋めてください。手作りリップクリームを重ねれば、つやが出て美しく仕上がります（いかにもメイクしましたという印象にならないよう、指先でくちびるを軽く抑えて輪郭をぼかしてください。このとき、絶対こすらないように。口紅がはみだしてしまいます）。
- できるだけ長時間口紅の色をもたせたいものです。口紅をつけたら、2枚重ねのリサイクル・ティッシュペーパーを1枚に分け、くちびるにはさんで余分な口紅を落とします。再度口紅を塗り、同じようにティッシュを使いましょう。こうすれば、日中口紅を塗り直す回数が減るはずです。
- ペンシルタイプの口紅は、専用のシャープナーで常に削っておきましょう。そうしないと木の軸でくちびるをひっかいてしまいます。ですが自然に見せるために、削ったあとに、手の甲に軽く描いて、先端を鈍らせておきましょう。

pure white *smile*
ピュアホワイトの笑顔

自然派の歯磨き剤と逆浸透作用のウォーターフィルターの登場で、あなたの笑顔と歯のケアは、食品と同様、健康的で、ナチュラルで化学物質フリーになりました。

健康のためにオーガニック商品を選んでいるなら、歯のケアに関しても、ナチュラルな素材を使いたいものです。多くの歯磨き剤は食べても安全な原料で作られています——もし口に何かを入れたら、そのうちの一部は飲み込んでいるわけですから、当然のことです。

歯肉をはじめ、体の中には吸収力の強い部分があり、ここからは、化学物質が容易に血管に流れ込んでしまいます。

歯肉炎（歯肉から出血する）にかかっていると、なおいっそう、歯磨き剤に含まれる化学物質が素早く体内に吸収されます。

笑顔が大事

白く輝く笑顔を求めるあまり、多くの歯磨き剤は純粋でナチュラルな原料から遠ざかり、フッ素のような余分な化学物質を添加しています。多くの専門家は、フッ素は虫歯予防効果があると主張しますが、同時に、少なくとも米国での8回にわたる調査結果によれば、骨折しやすくなることがわかっています。ナチュラルヘルスの専門家の間では、フッ素はカル

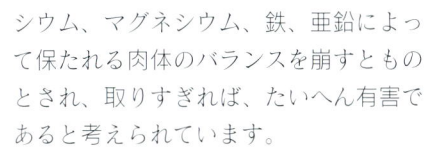

シウム、マグネシウム、鉄、亜鉛によって保たれる肉体のバランスを崩すとものとされ、取りすぎれば、たいへん有害であると考えられています。

米国では、フッ素入り歯磨き剤には、「警告」が書かれており、ブラッシングに必要な量以上口に入れないよう、また使用後は6歳未満の子どもの手が届かない所にしまうよう、注意を促しています。

歯磨き剤の成分

一般的な歯磨き剤の多くは防腐剤や発泡剤が含まれており、それらは口の中の薄い皮と歯肉を通って、直接血管に流れ込みます。

天然素材の歯磨き剤を使ってみたいという方は、ザ・グリーンピープル・カンパニー、ラヴェーラ、ロゴナ、ウルテクラム、バイオフォースの商品を探してください。

フッ素に頼らない虫歯予防

これからも、ごく一般的な歯科医のアドバイスに従い、フッ素入り歯磨きを使い続けていこうと考える方もいるでしょう。ですが、歯磨き剤は天然素材のものに切り替え、他の虫歯予防法を考えるというポジティブな転換をされてはいかがでしょう？

虫歯予防には、砂糖の入った食べ物を減らし、ビタミンをたっぷり摂り、定期的にブラシとフロスで汚れを落し、カルシウム豊富な食品、例えば乾燥豆、缶詰の魚、かぶの葉やケールのような緑黄色野菜を摂ることが大切です。

水道水のフッ素

たとえ歯磨き剤を替えても、フッ素を避けることができない場合があります。水道水にフッ素が添加されている地域があるからです。長い目で見ると、水道水へのフッ素添加は、深刻な健康上の問題を引き起こす可能性があります。フッ素は斑状歯（歯の表面に白い斑点が出る。茶色のしみになることも）を引き起こし、今後、高齢者の大腿骨の骨折が激増する可能性も考えられます。

しかし、フッ素を避ける方法もあるのです。キッチンに逆浸透作用のある濾過器を設置し、フィルターを通した飲料水を使えば、水道の蛇口から流れ出る水から、潜在的危険性のある化学物質を一切取り除くことができます。

oral care *recipes*
歯磨きとマウスウォッシュ

美容関連商品の中で、最初にオーガニック認証がつけられるようになったもののひとつに歯磨き剤があります。ですが、市販品の代わりに歯磨き剤やマウスウォッシュを手作りしてみてはいかがでしょう。とても簡単に作れます。

市販の歯磨き剤やマウスウォッシュの代わりに、次のようなレシピで手作りしてみましょう。

重曹の歯磨き粉

濡らした歯ブラシに重曹を少量つけ、歯を磨きます。このとき、ブラシにティーツリー・エッセンシャルオイルを1滴垂らしてもよいでしょう。歯肉炎で歯ぐきから出血している場合、このオイルが消毒剤としてたいへん有効に働いてくれます。

ハーブの歯磨き粉

歯肉が炎症を起こしていたり出血がある場合、特に有効なレシピです。ミルラ樹脂（没薬）は、歯肉炎に効くことで知られており、ティーツリー・オイルは、歯垢の蓄積を防ぐ役目を果たします。

ホワイトクレイ・パウダー 100g（1/2カップ）
重曹 100g（1/2カップ）
乾燥ハーブ 小さじ1杯
●ペパーミント、スペアミント、セージ、フェンネル、ウィンターグリーンの中から、お好みのものを選んでください。
ミルラパウダー 小さじ1杯
ラズベリーの乾燥葉 小さじ1杯
羊蹄（ぎしぎし）の黄色い根（乾燥） 小さじ1杯
ペパーミント・エッセンシャルオイル 5滴（なくても可）

クレイ・パウダーと重曹をボウルに入れます。ハーブをスパイス用かコーヒーミルで（もしくは、すりこぎ、すり鉢を使って）粉状にしたら、他の材料と一緒にボウルに加え、泡立て器でしっかり混ぜ合わせます。より香味を効かせたい場合は、ここでペパーミントのエッセンシャルオイルを5滴加えます。ボウルを清潔なタオルかふきんで包み、ひと晩おきます。翌朝、もう1度しっかり混ぜ合わせ、広口で不透明な容器に入れます。

濡らした歯ブラシに、この粉を少量振りかけて使います。湿らせない限りいつまでも使える歯磨き粉です。

さわやかな息のために

歯磨き後や食間にも、口の中をさっぱりさせるためにマウスウォッシュを好んで使う人が多いようです。しかし中には、たいへんアルコール濃度の高い商品があります。1991年に、アルコール度の高いマウスウォッシュを20年間毎日使い続けた人を調査した結果、口や舌のガンの発症と関連性があることがわかりました。

もしマウスウォッシュを使うなら、ロゴナやヴェレダのような自然派のブランドを選びましょう。ノンアルコールのマウスウォッシュを手作りしてもよいでしょう。作り方はいたって簡単です。

ハーブのマウスウォッシュ

ユーカリの乾燥葉 大さじ1杯
乾燥レモンバーム 大さじ1杯
乾燥ペパーミント 大さじ1杯
乾燥セージ 大さじ1杯
乾燥ローズマリー 大さじ1杯
乾燥タイム 大さじ1杯

すべてのハーブを混ぜ合わせ、密封容器に入れ保管します。このハーブ小さじ4杯と水1カップを入れた鍋を火にかけ、沸騰したら火を止め、ふたをして10分おきます。濾して、滅菌した容器（ふたのしっかり閉まるもの）に注ぎましょう。このようにして、混ぜ合わせたハーブで数日おきにマウスウォッシュ液を作ります。

ミックスしたハーブは冷蔵庫に保管し、鮮度ととびきりさわやかな風味を保ちましょう。

口臭を消すには

- 乳酸菌ヨーグルトを毎日食べるか、乳酸菌サプリメント（自然食品店か専門家に相談してください）を取れば、消化器をよい状態に保つ助けとなり、その結果、口臭がなくなってくるでしょう。
- 口臭は、口が乾燥したときに出てくることが多いものです。パセリ、りんご、にんじんをかむと唾液が出るので、赤ちゃんのように吐息が甘くなります。
- にんにくを使った料理を食べるときは、料理にパセリを入れるか、食後にパセリを食べれば、匂い消しになります。

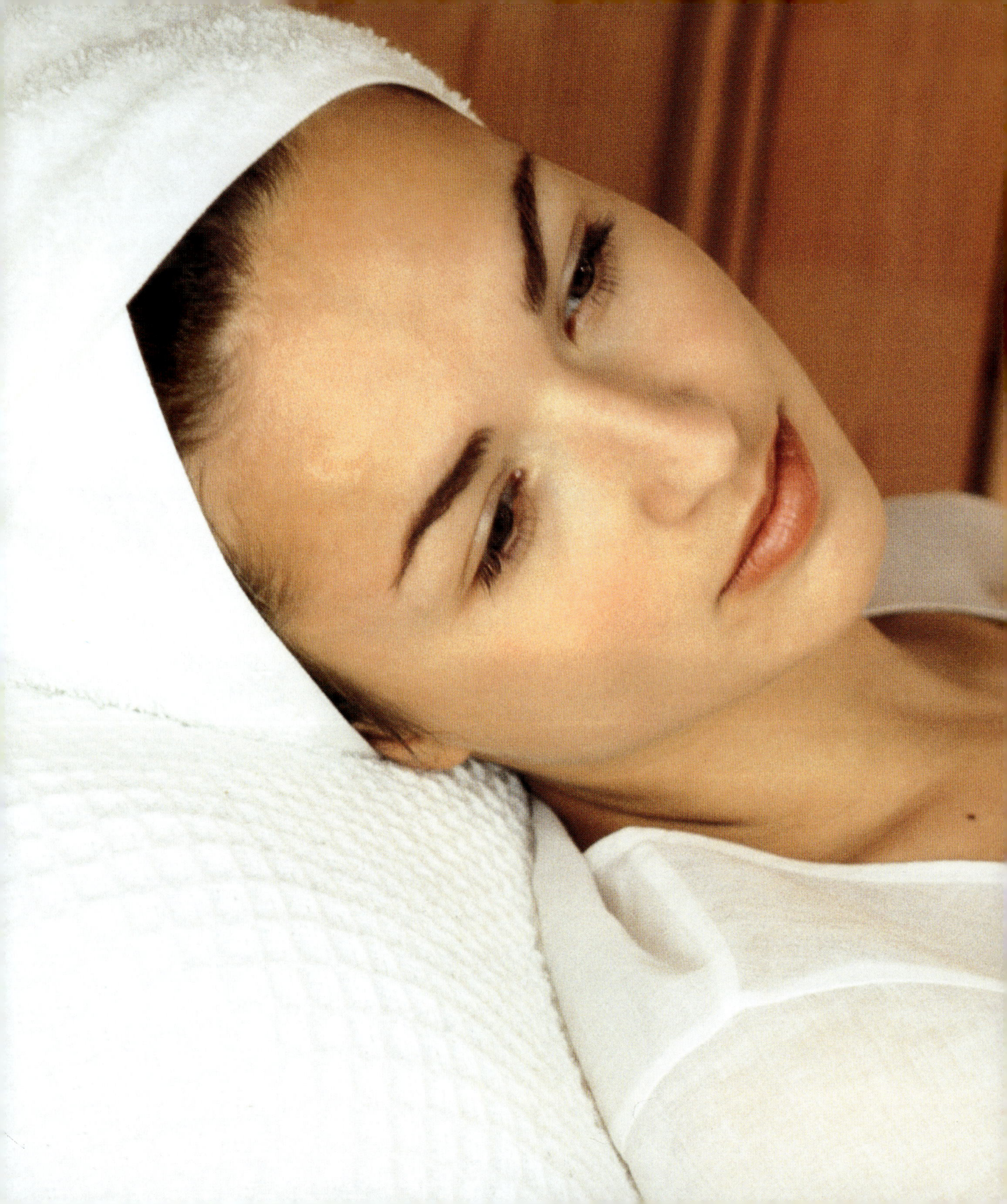

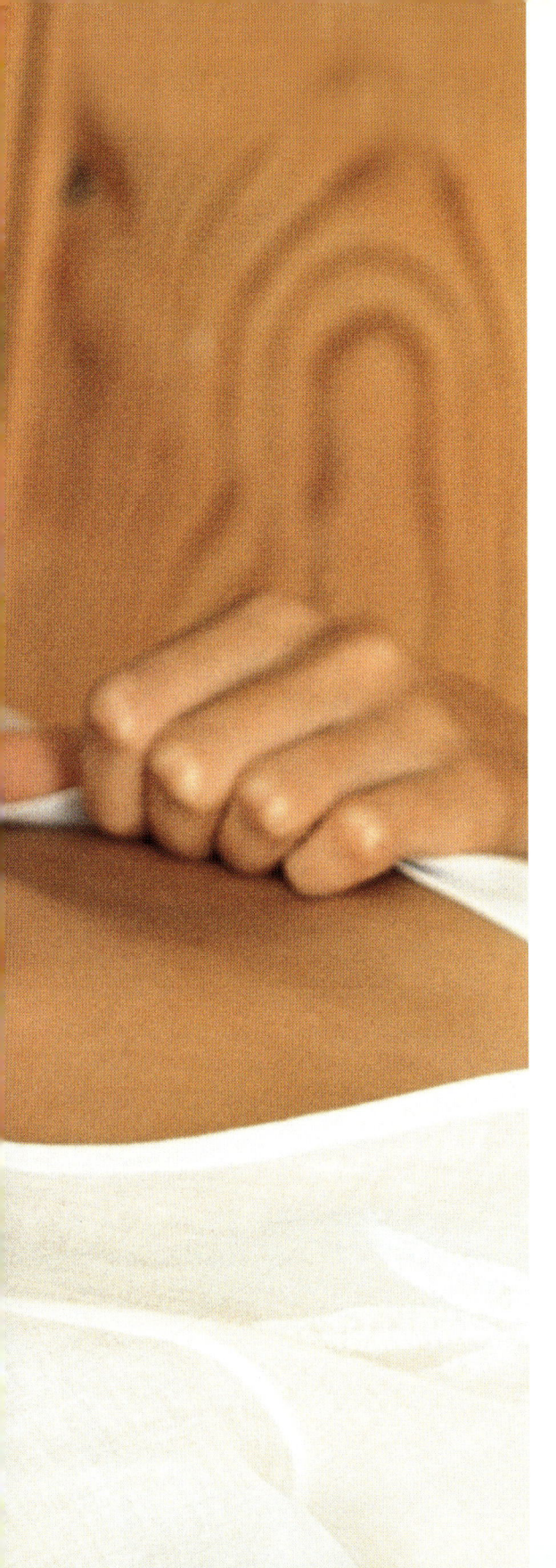

今日では、本当の美は内面からくるものという理解が進んでいます。肉体の健康とバランスが美容にも影響を与えるのです。さらに、新鮮な果物や野菜、水やフレッシュジュースをたっぷりと取る食生活をし、定期的に運動すれば、あなたは体の内側から健康な輝きを放ち始めるでしょう。オーガニック・ビューティの鍵は、もちろん、体に取り込むもの——肌につけるものだけでなく、体全体に取り入れるもの——をできる限り自然で純粋なものにするよう心がけることなのです。

体の内側をきれいに

健康な肌を作る食生活
eating for healthy skin

オーガニック志向の女性すべてにおすすめしたい、おいしくて、顔色を明るくする食べ物をご紹介します。これらの食べ物は、生涯あなたが健康的で生き生きとした肌を保つために役立つはずです。

クリーム、コンディショナー、ローションは、柔らかな肌とつやのある髪、なめらかなピンク色の爪を作るのに役立ちますが、オーガニック美容法では、このようなアプローチだけでは不充分と考えます。食事もまた、重要な役割を果たすからです。肌、髪、爪には、エラスチン、ケラチン、プロテインなどのタンパク質が含まれており、タンパク質はいくつかの栄養素に反応を示します。ビタミンA、ビタミンB6、亜鉛は健康的な肌のきめ、強さ、保湿のため、食事に取り入れなくてはならない栄養素です。「脂質」は、体重を気にする多くの女性に敵視されていますが、必須脂肪酸（EFAs）は、体の油分を維持し、肌と頭皮をよい状態に保つ働きがあります。

肌をなめらかに保つ

スキンケアメーカーは、抗酸化成分を配合した商品を増やしつつあります。この成分は、大気汚染や紫外線によってもたらされる遊離基（フリーラジカル）によるダメージを消し去ってくれる作用があります。しかし食事によって、遊離基を取り除く抗酸化物質を増やすことで、ダメージプロセスを遅らせたり、肌を守るという方法もあります。具体的には、ビタミンC、E、そして体内でビタミンAに変わるベータカロチンを摂ることです。柑橘類、ローズヒップ（バラの実）、赤ピーマン、緑ピーマン、ブロッコリ、豆苗に、ビタミンCが含まれています。ビタミンEは、常温圧縮の小麦麦芽オイルや、やはり常温圧縮したサフラワーオイル（紅花油）に含まれています（どちらも「美肌ジュース」に加えることができるオイルです。くわしくは、P.68～69をご覧ください）。ベータカロチンを含む食品には、黄色やオレンジ色の野菜や果物、濃い緑色の葉野菜があります。ベジタリアンでなければ、レバーや魚油からもベータカロチンが摂取できます。ただし、オーガニックでない肉や魚の肝臓からは、高濃度の殺虫剤、薬品、汚染物質が検出されていますので、注意が必要です。

亜鉛とセレンも、紫外線による肌のダメージと戦ってくれるようです。亜鉛には傷を癒し、ビタミンAによる細胞の再生作用を助ける働きがあります。亜鉛は海産物、卵黄、ナッツ、豆類をはじめとする穀物から摂取できます。ニューヨーク在住の著名な皮膚科学者ドクター・カレン・バークは、紫外線を原因とする皮膚ガンの発生率をセレンが大幅に減少させることを、動物を使った研究により発見しました。ですが、まだこの結果はガン予防に活かされていません。セレンには、ビタミンCの吸収を助ける働きもあります。

健康な肌を作る食生活　67

ペクトラム・オイル・エッセンシャル・マックス（参照 →P.122〜124）のように、あらかじめミックスされた商品が販売されています。自然食品店に行けば、別の商品もあるでしょう。できあがった料理に、亜麻の種をたっぷり振りかけるという方法も試してみてください。毎日（このミックスは鮮度がたいへん重要です）、大さじ1〜2杯の亜麻の種をハーブ用ミルかミキサーで粗挽きにします。1日を通して、シリアル、サンドウィッチ、シチュー、蒸しものなど、あらゆる食品にたっぷりと振りかけて食べましょう。

食事が充実していれば、このような肌に効くビタミンや栄養素の理想的な量を摂るのは難しいことではありません。しかし食事に、ビタミン剤やカプセルをプラスしたいなら、専門家に相談してください。ほとんどの自然食品店には専門家がいます。決して、自己判断でビタミンを摂らないようにしましょう。ビタミンは摂取しすぎると有害です。できるだけビタミンは食事で摂るようにしたいものです。

胃腸をよい状態に保つために、1日に20〜30グラムの食物繊維を摂り、毒素を排出し、肌に水分を与え、体内を洗い清めるために、水をたっぷり飲みましょう（参照 →P.72〜73）。

トラブル肌を穏やかに

ニキビは幅広い栄養素に反応します。一例を挙げれば、ビタミンAにニキビを治す作用があることが、医師の研究で明らかになりました。ビタミンAには、毛穴を詰まらせる皮脂の分泌を抑える働きがあるのです。もしサプリメントを利用する必要があると感じるなら、試してみてもよいでしょう。医師かナチュラルヘルスの専門家のアドバイスを受けてから、ビタミンA錠を毎日飲みます。しかし妊娠中の女性、もしくは妊娠したいと考えている女性はビタミンAを大量に

取るべきではありません。なぜなら、赤ちゃんが先天的な欠陥をもって生まれてくる危険性が高くなると言われているからです。

ニキビに悩む人は亜鉛の摂取量が少ないこともわかっているので、亜鉛を積極的に摂りましょう。必須脂肪酸も、肌の弾力を増し、「良好な」油で肌をなめらかにしてくれるため、肌の炎症を鎮めるのに役立つようです。

ビタミンB6は、ホルモンバランスの調整に役立ち、月経前症候群のひとつである顔の潮紅（ホットフラッシュ）を取る効果が期待できます。ビタミンB6を含む食品には、まぐろ、鮭、さんま、さばなどの魚、ヨーグルト、卵、落花生など豆類すべて、バナナ、アボカド、カリフラワー、レバーがあります。できるだけ、これらの栄養素を食事で摂りましょう。

基本ルール

栄養バランスがよく、品数が多く、有機栽培の素材を使った食生活を心がけましょう。すなわち、新鮮な野菜や果物、精白していない穀類をたっぷり取ることです。ベジタリアンでなければ、上記の魚、えび、かに、貝をたくさん食べ、さらに玄米、バナナ、ヨーグルト、皮付きのままのじゃがいも、かぼちゃの種、海草、濃緑色の葉野菜、新鮮な果物、ザウアークラウト、りんご、羊の乳製品を取りましょう。

シリアル、サラダ、炒め物に種をひとつかみ振りかけてみては？　きっと、あなたの肌が喜びます。

必須脂肪酸

あらゆる種類の脂肪に抵抗を示す人が多いのですが、体と肌を健康に機能させるため、取らなければならない脂肪もあります。体の内側から肌をなめらかにする効果のある、オメガ3とオメガ6のような必須脂肪酸（EFAs）の摂取量を増やすことを専門家は勧めています。肌は、この必須の栄養素を求めています。乾燥して薄皮のむけるような肌と髪、ひび割れる爪は、必須脂肪酸の不足が原因です。有益な脂肪を取り入れて、体によくない脂肪の摂取は最小限に抑えるのが作戦です。亜麻の種やまぐろや鮭などの魚は、必須脂肪酸を多く含んでいます。摂取禁止リストの上位にくるものとして、水素添加された脂肪が挙げられます。主要な食品に、ごく一般的に含まれている脂肪ですが、健康的な脂肪の働きを妨げるという理由から、オーガニック食品では認められていない成分です。ですから、オーガニック食品を選べば、自動的にこの脂肪を避けることができます。

オメガ3とオメガ6を最適のバランスで取るのはたやすくありませんが、ウドーズ・チョイス・マキシマム・ニュートリションやス

健康ジュース

juicing for good health

1日に野菜と果物を5皿取ることが推奨されていますが、この量を確実に摂取するためのもっとも簡単でスピーディな方法を紹介しましょう。生野菜と果物のジュースは自然の提供する最良の若返り薬です。

肌を美しくする栄養素を摂る、もっとも簡単な方法は、食材をジュースにすることです。不老長寿への道は、「生きた」食品の摂取と、生野菜や果物のジュースで栄養を補うことだと考える研究者もいます。また生ジュースの信奉者は、この方法で絶食すれば、体内がすばやく浄化され、体に蓄積して害を及ぼす可能性のある毒素（消化器官に残っている農薬など）を洗い流すことができるとも考えています。

ヘルシーな軽食

ジュースは、1日に割り当てられた野菜や果物の必要量を取ることができる、簡単でおいしい方法です。他の方法では必要量を満たすのは難しいものです。にんじんを5本食べられる人は多くいないでしょうが、相応の栄養を満たす、455mlのにんじんジュースなら飲めるのではないでしょうか。食事と一緒にジュースを飲めば、ジュースに含まれる酵素が食べ物の消化を助けてくれます。また、時間がないときや即座に栄養を摂りたいとき、ジュースは食事代わりとして大きな役目を果たします。

ジュースの秘密

毎日ジュースを飲むなら、思い切ってジューサーを買いましょう。毎日同じジュースを飲む必要はありません。想像力が続く限り、色々と試してみてください。栄養が最大限摂れるように、必ず果物と野菜、両方のジュースを飲みましょう。もしジュースを作るなら、オーガニック材料のみを使うことが鉄則です。例えばベリーの類は、農薬散布を何度も繰り返しているため、もしノンオーガニックの材料を使えば、農薬がジュースに混ざってしまいます。

- グラス1杯のジュース自体を食事とみなしましょう。飲むときは、少しずつゆっくりと口に含みます——この方法なら、ジュースが胃に流れ込む前に、唾液に含まれる酵素がジュースを分解しはじめます。
- まず1日に230mlのグラス3杯から始めましょう。慣れてきたら6杯まで増やすことができます。ただし果物のジュースは血糖量を急速に増すため、カンジダ症や低血糖症、糖尿病の人はジュースの量を増やす前に、専門家に相談してください。
- ジュースは作りたてを飲みましょう。生ジュースのビタミンは急速に失われます。
- 肌の状態を改善するのに非常に効果的な成分は、にんじんなどのオレンジ色や黄色の野菜と果物、濃い緑色の葉野菜に含まれています。これらはベータカロチンとビタミンAを供給してくれます。ニキビやかさつく肌にはこれらの成分が特に有効です。
- フラボノイドは、体の組織を結合させるのに不可欠な物質です。フラボノイドは、ブルーベリー、ブラックベリー、チェリー、ぶどうに多く含まれており、肌に効果的です。グレープフルーツ、オレンジ、ピーマンの皮の内側(白い部分)は毛細血管の壁を強くする効果がありますので、毛細血管が切れやすかったり、あざができやすいなら、ジュースにしてこの部分の栄養を摂りましょう。カリウムは肌の弾力を保つために重要なミネラル分で、海草(紅藻のダルスなど)、バナナ、にんじん、パセリ、ケール、ケルプ、ほうれん草に含まれています。
- 肌はオーガニックな硫黄でも生き生きとします。硫黄は生にんにくに含まれる成分です。

スーパー美肌ジュース
赤ピーマン　1個
緑ピーマン　1個
きゅうり　中1本

1種類ずつジュースにしてから、すべてのジュースを混ぜ合わせます。ニキビや吹き出物がなく、血色のよい健康的な肌を保つには、ビタミンCとE、ベータカロチン、亜鉛、カリウム分の豊富なジュースを飲む必要があります。これらの成分は、胃腸と腎臓が効率よく働くよう促してくれます。

緑の美顔ジュース
りんご　3個
ほうれん草　1束

ほうれん草を洗い、ジュースにします。りんごも別にジューサーにかけてから、両方のジュースを混ぜ合わせます。この組み合わせは消化管を掃除して汚れを取り除き、顔色を明るくします。2日に1度の割合で飲みましょう。特に就寝前に飲むのが効果的です。さらに効果を高めるために、藍藻(らんそう)のカプセル1個を加えてもよいでしょう。

exercising
for flawless skin

運動が美肌を作る

スキンケアでは、体に何を取り込むか、

肌に何をつけるかということだけが問題ではありません。

健康的でつやのある肌を得るには、しなやかで丈夫な体をつくることもたいへん重要です。

皮膚には呼吸が必要です。肺に取り込んでいる酸素のうち7パーセントは直接、皮膚呼吸に使われています。息を吸い込んで、必要な酸素を皮膚細胞に送り込み、吐きだすときには、二酸化炭素（長時間体内にとどまると、細胞を害します）のような不要物を排出します。適当な呼吸ができないと、気分がすぐれないだけでなく、肌はもちろん体のあらゆる部分の老化が進みます。ゴージャスでハイテクなエステサロン業界では、「酸素」が流行語です。酸素がスキンクリームやボディローションに取り入れられたり、純粋な酸素を肌にスプレーするフェイシャル・トリートメントが行われていたりします。しかし、より効果的に、顔に酸素を届ける方法があります。それが運動です。

運動がどのように効果を上げるのでしょう？

運動すると、酸素は体のすみずみの細胞に行き渡り、血液の循環と神経系がより効率よく機能するよう促してくれます。ウィスコンシン大学の研究者たちは、体に取り込む酸素量が多ければ多いほど、肌の老化をもたらす遊離基ダメージを肌が受けにくくなることを立証しました。

肺や心臓を働かせる鍵は、有酸素運動です。短時間のジョギング、ウォーキング、ランニング、サイクリング、動きのあるヨガ、ミニトランポリンを使ったジャンプ、ハイキング、球技（テニス、バドミントン、バレーボール、バスケットボール）、スポーツジムのエアロバイク、インラインスケート、スキー、縄跳び、水泳、ダンスなどがあります。運動で心拍数が増えると、皮膚温度が上昇し、肌への酸素供給量が増え、新陳代謝が促され、栄養が吸収されやすい状態になります。事実は至って単純です。運動はどんなクリームよりも肌を美しくし、体に多くの恩恵をもたらしてくれるのです。

自分の肌や他の器官に、確実に充分な酸素が行き渡っている状態にするためには、どのくらいの運動量が必要でしょう？　答えは、30分間の運動を週に5回です。そう聞くと多いように思えますが、生活の一部にしてしまえば、こなせない量ではありません。通勤時にウォーキングするだけでも、生活に定期的な運動を取り入れることになりますし、交通費や駐車料金の節約にもつながり、一石二鳥です。

普段、運動はまったくしていないという人は、まず1週目は8分間の運動を1日おきにおこない、2週目からは1週間ごとに3分ずつ運動の時間を延ばしていきます。自分でも気付かぬうちにスリムで引き締まった体になり、つやのある健康な肌になっていくでしょう。

もちろん運動はほおを輝かせるだけではありません。有酸素運動に加えてウェイトを使ったり、水泳のように抵抗を取り入れた運動をプラスし、骨や筋肉の健康を保ちましょう。なによりも自分のライフスタイルに合い、長続きできるプログラムを作ることが大切です。

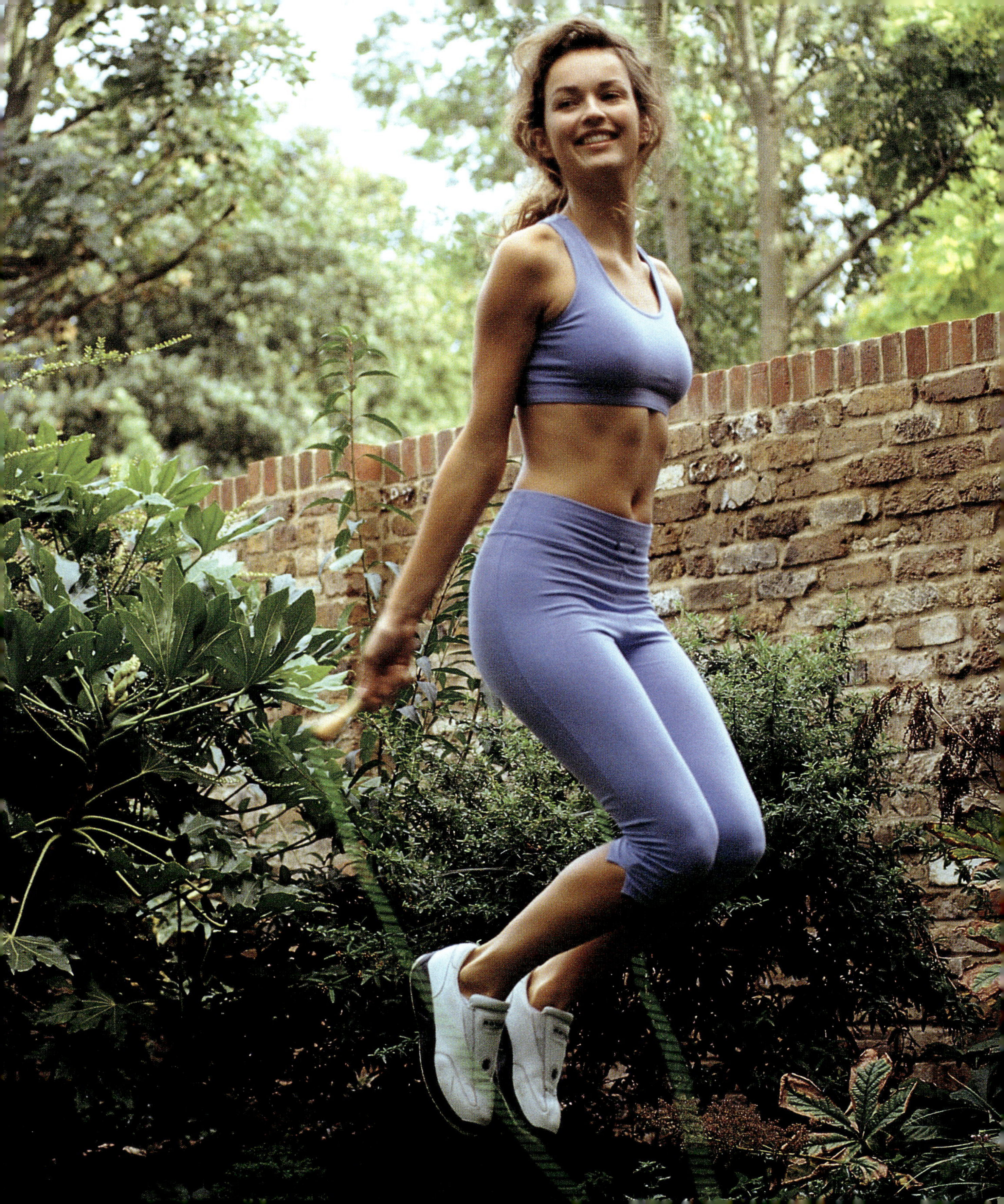

水の効果

why
water works

人間の体の約63パーセントは水分です。

そしてスーパーモデルの誰に尋ねても、究極の美容法は水を飲むことだと断言します。

ここでは、飲み水の純度を高める方法を紹介します。

若々しさの源泉は、文字どおり泉のように湧きだす水から得られるもの、と述べる皮膚の専門家もいます。若々しく健康な肌の持ち主は、水をたっぷり飲んでいるという事実を見落としている研究が少なくありません。まるで環境ストレスが、外側からでは肌を充分痛めつけることができないかのように、ストレスは細胞を脱水、乾燥させて体の内側から肌に大きなダメージを与えます。大勢の人の前でスピーチする前、緊張で口が渇く感じがしませんか？ このような乾燥が脳や肌にも同様に起こっているのです。

1日に2リットル

ストレスに対して速やかな毒消し効果があるのは、ほかでもなく、冷たい水をゆっくりと飲むことです。肌が水和されていると、肌に届く血液量が増えるため、体はより効果的に機能します。

スーパーモデルは、1日に1リットル水を飲むことを自慢しています。著名な栄養学者のジェーン・クラークによれば、この量でも不充分だそうです。1日に2〜3リットル飲むことを目標にすべきだとか。理想は、普通の水か、水分の多い有機栽培の野菜や果物を使った生ジュースのどちらかの形で水分をとることです。

そんなに大量の水は飲めないと思っているかもしれません。まず最初は、常にデスクにグラス1杯の水を置いておくようにし、定期的に水を飲むことを心がけてみましょう。ちなみにアーユルヴェーダでは、お湯が水よりも好まれます。お湯のほうが体に速やかに吸収されることが理由です。私は、ひとりひとりの好きな方法で水分をとればよいと考えています。なぜなら、そのほうが日に2〜3リットルという目標を達成しやすいからです。

ピュアな水を手に入れる

水道から流れ出る水には、フッ素、ヒ素、鉛、農薬など、有害な化学物質が含まれている可能性があります。きれいな飲み水を確保するために、少なくとも水差し用のフィルターは使いましょう。これはコーヒーフィルターと同じような仕組みで、上から水を注ぐと、濾過された水がしたたってきます。また、蛇口に浄水器をつける方法もあります。炭素鋼かステンレス鋼を材料にしたスクリーンかフィルターが、濾過装置として使われているかもしれません。しかし、最新式の浄化装置は、「逆浸透」と呼ばれる作用を利用したもので

す。このタイプの浄水器なら、水道水に含まれる化学物質や汚れだけでなく、放射性物質も除去できます。たいへん高価ではありますが、ボトル入りミネラル・ウォーターを次々と買うよりも、長い目で見ればお得かもしれません。

最近では、シンクの蛇口に取り付けるものだけでなく、その住宅で使用する水すべてを浄化できるシステムもあります。このようなシステムを使えば、家庭で使うすべての水道水から、殺虫剤、除草剤、塩素など水道水に含まれる一般的な汚染物質を除去することができます。皮膚障害が起きやすかったり化学物質に過敏な方には特にお勧めですが、どなたにとってもきっと有益でしょう。——肌の驚くべき吸収力が軽んじられていると、専門家が指摘するくらいですから（参照 →P.108〜109）。

もしミネラルウォーターを買って飲むなら、できるだけ深い泉の水を使っているブランドを探してください。泉が深くなるほど、放射性降下物や農薬で水が汚染される可能性が低くなるからです。

カフェインの問題

お茶、コーヒー、コーラのような飲み物を多く飲む人は、疲れた印象の肌になりがちです。その理由は、食品に含まれているビタミンやミネラルが体にプラスに働く作用をカフェインが妨げるからです。

カフェインの入った飲み物は1日2〜3杯までとします。ノンオーガニックのコーラは、骨粗鬆症にかかる危険性の増すリン酸を含んでいるので、飲まないようにしましょう。

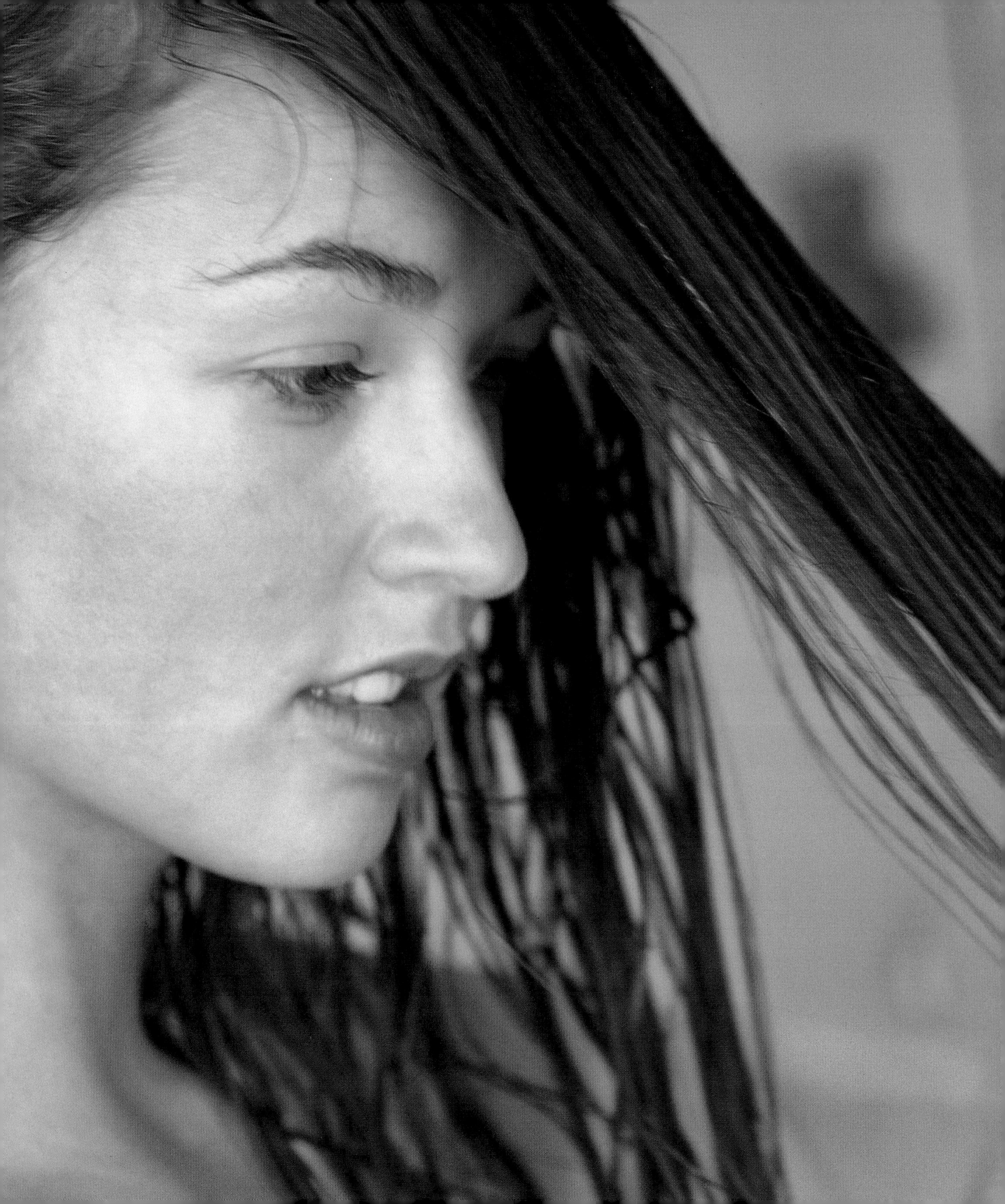

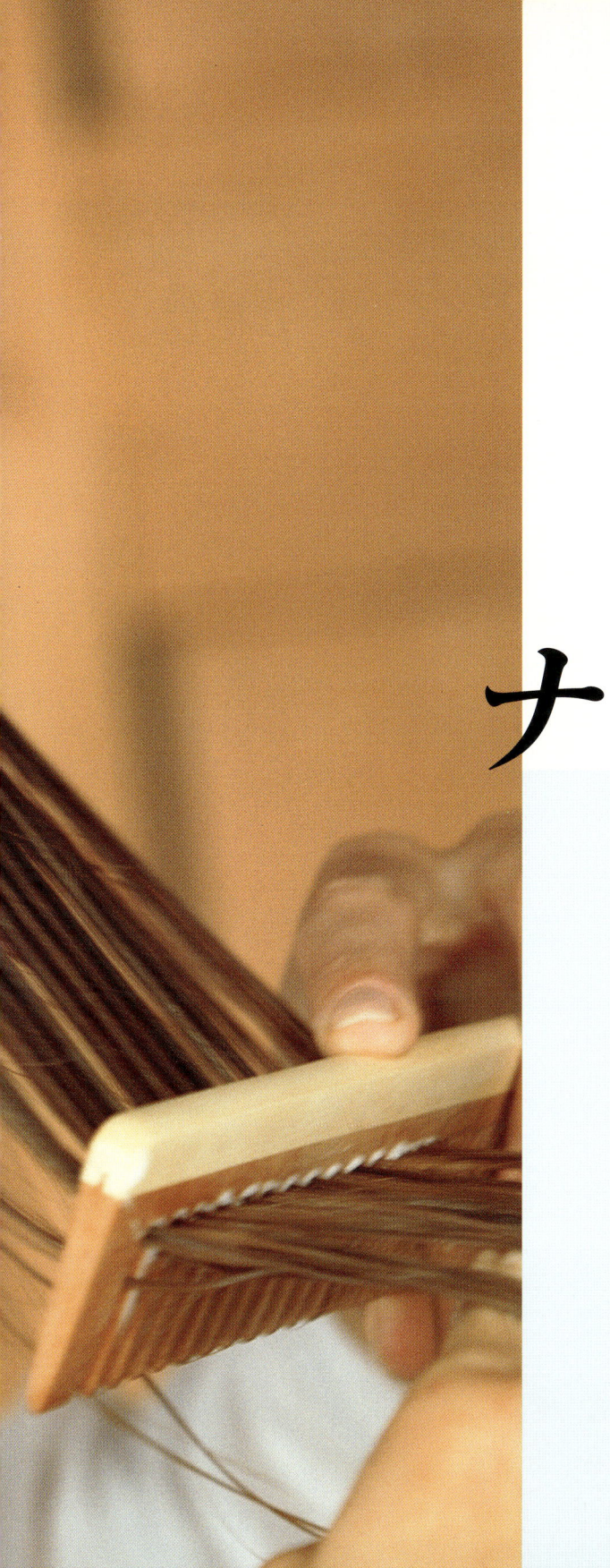

髪の毛は、どのようなヘアスタイルにしようと、あなたの健康状態や充実感を雄弁に語ります。ヘアケアは、汚染された都市で暮らす多くの人々にとって、かつてないほどの重要事項になっています。しかし、実は頭皮が、体の中でもっとも吸収力が高く、付けたものをすぐに吸い込んでしてしまう部分で

ナチュラルなヘアケア

あることをご存知でしたか？　シャンプー、コンディショナー、スタイリング剤、合成染毛剤ももちろん頭皮から吸収されています。このような理由から、オーガニック・ビューティを目指すあなたは、できる限りナチュラルなヘアケアの実践を、優先事項のひとつにしてください。

choosing organic haircare
オーガニックなヘアケア商品

「自然派」「オーガニック」という言葉が、ヘアケア商品のパッケージによく使われていますが、実際は何の意味もありません。では、真の自然派ヘアケア法とはどのようなものか、お教えしましょう。

手入れが行き届き、健康的に見える髪は、自信と充足感を高めてくれます。振り向いたときキラリと輝くつやのある髪を、本物の自然派ヘアケア商品を使って手に入れることを考えましょう。

デンマークの超自然派化粧品メーカー、ウルテクラム（デンマーク語で、「よいこと」という意味）の創設者ロニー・マグレイルは次のように述べています。「頭皮は体の中でもっとも吸収力のよい部分です。中でも特に頭頂部は吸収力に富んでいます」。さらに、シャンプーの洗浄作用によって頭皮が乾燥して自然な防御機能が妨げられてしまい、化学物質がより体内にしみ込みやすい状態になるのです。それなのに、「トリートメントのために」、シャンプーを頭皮につけてしばらくおいてからすすぐことをすすめるメーカーは増える一方で、中にはまったく洗い流さないコンディショナーすらあるほどです。

多くの化粧品の中で、ヘアケア商品ほど怪しい天然成分が使われているものはおそらくないでしょう。広告で「オーガニック」とアピールしているまがいものもあります。

ハーブや植物成分が髪に栄養を与え、髪の健康を回復させるという発想にはひかれますが、主要メーカー品で、「自然派」を主張しているシャンプーの多くは、ハーブや植物成分をごく微量配合しているにすぎず、その一方で保存料や洗浄剤をたっぷり使用しています。

ごく一般的なシャンプーは、水と洗浄剤が成分の大半を占めています。成分表は、配合割合が多いものから順に表示するよう義務づけられていますので、表の最上位2つを占めているはずです。ハーブなどの成分は、わずか1パーセント程度しか含まれていないことがほとんどです。配合されているごく微量のハーブがオーガニックの認証を受けたものであるかどうかは、たいした問題ではありません。問題にすべきなのは、成分の大半をしめている原料です。

洗浄剤の中には、使わないほうがよいと思われるものがあります。P.16の「自然派化粧品で使用を避けたい成分10種」ですでに取り上げたものもあります。コカミドDEA、ラウレス-3硫酸アンモニウムの使われているものは避けてください。

また、ラウリル硫酸ナトリウム（SLS）には発ガン性の疑いがありますので、使わないようにしましょう（ワシントンに本部を置く独立化粧品成分検査機構が組織する調査委員会は、「断続的に短時間のみ使用し、使用後に充分すすぎ流すことを前提に作られている商品に関してはSLSの含有に問題なし」と結論づけてはいますが）。オーガニック・ヘアケア商品

オーガニックなヘアケア商品

を求めるなら、香りの強いシャンプーやコンディショナーは避けてください。香料には、それだけで200種類に及ぶ様々な化学物質や、"FD&C○番"と名前がつけられた合成色素が含まれています。

「オーガニック」が、「純粋」や「健康」と同義語になった世界では、「自然」「天然」という広告に、あまりにもたやすくだまされてしまいます。ですから、しつこいようですがラベルの成分表示を確かめることが大切なのです。自然食品店で商品を買うのもよいでしょう。このような店においてあるブランドはたいがい、真にナチュラルな商品を生み出そうと努力を重ねているからです。

シャンプーを手作りするのも確実な方法でよいと思いますが、使いやすいシャンプーを自宅で作るのは、そう簡単ではありません。オリーブオイルがベースのカスチール石けんや、シャボン草のようなハーブを使わねばならず、きしむほどさっぱりと洗い上げた髪をよしとする世界では、できあがったシャンプーは許容範囲外かもしれません。

ですからナチュラルヘルスの専門店で買ったシャンプーを使うのがより現実的な方法です。こういったショップには、ドクター・ハウシュカ、ヴェレダ、ロゴナ、グリーン・ピープル、ウルテクラム、オーブリー・オーガニクス、アヴェーダ、ニューウェイズの商品が置いてあります。これらの多くは、あなたがこれまで使っていたシャンプーよりも濃厚ですから、1回の使用量が少なくてすみます。シャンプーに含まれている水分を減らせば、メーカーは保存料の量を最小限に抑えられる、もしくはまったく使わずにすむのです。コンディショナーは、シャンプーと同じブランドのものにするか、手作りしましょう。自分の髪のタイプに合わせて、簡単にできあがり、至福の使い心地のヘアパック、カラーリンス、トリートメントオイル作りにチャレンジしてみてください。髪のタイプについては、P.78〜83で詳しく述べていきます。

髪の日焼け

髪は直射日光、塩分、塩素にとても弱いため、保護が必要です。染めたりパーマをかけている場合や、縮れ毛、細い毛のタイプは特に透過性が高いので、充分なケアと注意が必要です。手入れしやすいヘアスタイルにするか、髪をまとめるか、帽子をかぶりましょう。

塩素から髪を守るために、グレープシードオイル1に対して、水を15の割合で混ぜたものをスプレーボトルに入れ、よく振り混ぜてから濡らした髪にスプレーします。洗い流さず、そのまま水に入ってください。毎晩、できるだけ髪にやさしいシャンプーで洗い、髪にたまった塩素、砂、塩を洗い流しましょう。さらに、髪に栄養を与えるパックかヘアオイルのいずれかを使って、定期的にお手入れしましょう（パックとヘアオイルの作り方はP.78〜83をご覧ください）。

トラブルヘアのお手入れ

もしあなたの髪がSOSを発しているとしたら——油っぽかったり、細く、つやのない感じがしたら——ここで紹介する植物成分を生かしたトリートメントを試してみてください。髪の自然な弾力を取り戻すのに、どれだけ効果的か試す価値があります。

オイリーヘア

髪がべたつきやすいですか？ 毎日シャンプーする必要がありますか？ 髪を洗っても、さっぱり感が持続するのは、ほんの2〜3時間ですか？ もしそう感じるなら、あなたはオイリーヘアのタイプです。

- 10日おきに頭皮のトリートメントをしましょう。ホホバオイル小さじ4杯に、ジュニパーオイル、セージオイル、ティーツリーオイルのいずれか（この3種類なら、組み合わせて使っても可）を20滴加えます。ホホバオイルは皮脂腺に働きかけ、過剰な皮脂の分泌を抑えます。できあがったオイルは、洗髪前の乾いた髪につけます。毛先のほうからつけていきますが、指は常に髪の根本から毛先という向きですべらせ、キューティクルを逆立てないようにします。髪の根本までつけ終わったら、くしでよくとかしましょう。オイルが行き渡るよう、髪を5分ほどドライヤーで乾かします。より効果を上げるには、20分以上、できれば一晩オイルをつけたままにします。洗い流すときは、シャンプーを手のひらにつけて頭皮をマッサージし、少しずつお湯を加えて泡立てていきます。ぬるま湯でよくすすぎます。コンディショナーをつけて、もう1度すすぎます。

- 頭皮のマッサージによって、皮脂腺の働きが正常化し、毛根を包み、髪の栄養をつかさどる毛包（もうほう）が詰まらなくなります。

- 髪は毎日洗ってください。でも、シャンプーはマイルドなものを使いましょう。脱脂力の強いシャンプーは皮脂腺の働きを狂わせ、皮脂の過剰分泌につながります。植物ベースの収れん剤、例えばペパーミント、セージ、ティーツリー、ジュニパー、レモンなどを配合したシャンプーを探しましょう。効果をよりマイルドにするため、小さじ1杯のシャンプーを同量の水で薄めて使いましょう。

- コンディショナーは毛先だけに付けましょう。そうすれば、髪を健康に保ち、コンディショナーのすすぎ残しもなくなります。

- 髪を頻繁に触らないようにします。汗ばんだ手のひらで触れば、髪はいっそうべたついてしまいます。

- オイリーヘアにはハネジュー・メロンが魔法のような効果を上げます。メロン1/4個をつぶすか、ミキサーにかけ、果汁を髪につけてください。10分おいたら、シャンプーを使って洗い流します。

- 卵、ビール酵母、全粒の穀物、レバー、ほうれん草に含まれるビタミンB2をたっぷり摂り、脂肪分の多い食事を避けましょう。特に、水素添加した脂肪を摂らないようにしてください。その理由は、体内で脂質や油分の働きを調整する体本来の機能を妨げるからです。

フケ

肩のフケが気になりますか？ 地肌がかゆかったり、粉をふいたりしていますか？ かつてはこれをフケと呼んでいました。現在、美容師はドライスカルプと呼ぶことが多いようです。確かにドライスカルプ（乾燥した頭皮）が原因であることがほとんどです。ドライスカルプは、室内の空気が乾燥する冬に

起こることが多いようです。脂漏性湿疹や乾癬が原因のフケもあります。この場合は、下の方法では効果がありませんので、皮膚科かナチュラルヘルスの専門家に相談してください。

● ミネラルウォーター、オリーブオイル、レモンの絞り汁、それぞれ大さじ2杯を混ぜ合わせ、頭皮につけてマッサージします。15分間そのままにしてから、シャンプーで洗い流します。オリーブオイルは頭皮に潤いを与え、不要になった角質の蓄積を防ぎます。レモン果汁には抗菌作用と、古い皮膚をはがす作用があります。

● 油ののった魚をできるだけ食べるようにしたり、オリーブオイルをサラダにかけたり、バターの代わりにパンに塗ったりといった簡単なことを心がけるだけで、頭皮の状態は驚くほどよくなるはずです。

● シャンプーのあと、りんごジュース（手作りでも市販のものでも）1カップを髪につけ、根本から毛先に向かってマッサージします。シャンプーの都度おこないましょう。りんごジュースを大さじ2杯を加えた水1リットルですすぎます。

フケに効くシンプルリンス

1カップのハマメリス・エキスに、コンフリー（ヒレハリソウ）の根、ローズマリー、イラクサ、ラベンダー（生、ドライどちらでも可）をひとつまみずつ加えます。そのまま3～5日寝かせると、ラベンダーとローズマリーが強い芳香を放ちはじめます。ハーブを漉し、清潔な頭皮に直接つけてマッサージしましょう。すぐに乾きます。お休み前のマッサージにもどうぞ。

このマッサージ水には消臭効果もありますので、デオドラント剤としても使えます。肌につけるときは、オーガニック・コットンを使いましょう。

オイリーヘア向けハーブビネガー

ごぼうの根　小さじ1杯
カモミール　小さじ1杯
きんせんかの花　小さじ1杯
ラベンダーの花　小さじ1杯
すりつぶすか刻んだレモングラス　小さじ1杯
セージの葉　小さじ1杯
酢　大さじ1杯

大きめの容器にすべてのハーブを入れ、沸かしたてのお湯570ccを注ぎます。30分おいたらハーブを漉し、酢大さじ1杯を加えます。

シャンプーのあと頭皮と髪にかけて使います。すすがず、そのまま乾かします。

やせてきた髪のためのトリートメント

温めたアボカド（オリーブオイルでも可）50g
ローズマリー・エッセンシャルオイル　8滴
ラベンダー・エッセンシャルオイル　8滴
セージ・エッセンシャルオイル　8滴

月に1度おこなう、集中的なオイルトリートメントです。あらゆるタイプの髪質に効果的ですが、特に、細くなってきた髪を元気にし、髪の再生を促します。

すべての材料を混ぜ合わせ、洗いたての濡れた髪にもみ込みます。次にシャワーキャップかラップで髪をくるみ、その上から温めたタオルをかぶせ、2時間おきましょう。お湯でしっかり洗い流してから、普通にシャンプーとコンディショナーを使ってお手入れしてください。

ドライヘア／カラーリングヘア

dry and coloured hair

乾燥していたり、化学薬品を使った髪をベストの状態に見せるには、特に念入りなケアが必要です。新鮮な材料を使って、あなたの髪に天使の輪を作る秘訣をお教えしましょう。

髪を染めていますか？　毎日ドライヤーで髪を乾かしていますか？　髪がもろくて、ぱさつき、くしやブラシでとかすと切れやすいですか？

「はい」と答えたあなたは、ドライヘアのタイプだと思われます。原因は、毛包（もうほう）がふさがれて、髪に自然な潤いを与える働きが機能していないことです。もしくは、直射日光や化学物質に髪をさらしすぎたことが原因と考えられます。

ドライヘア

よいお知らせがあります。率直に言うと、髪は死んでいる状態ですが、それでもまだ吸水性があります。髪をスポンジのようなものだと考えてください。栄養分のたっぷり含まれたトリートメントをつければ、髪はしなやかで柔らかな手触りになります。

- 洗髪は週に2〜3回にし、マイルドなシャンプーを使いましょう。
- パーマや縮れ毛の矯正はやめましょう。強力な化学薬品を使うため、髪を痛めつけます。
- 髪を美しくする食品を取り、食事に小さじ1〜3杯の亜麻仁油（自然食品店で手に入ります）をプラスしましょう。体によいオイルは、体の内側から髪に栄養を与えてくれます。
- ビタミンEを1日に200〜400IU摂ると、ドライヘア改善に役立ちます。ですが、必ず医師かナチュラルヘルスの専門家に相談してから、ビタミン剤を飲むようにしてください。
- ドライヤー、ホットカーラー、ヘアアイロンは使わないようにしましょう。こういったものを使わなくてすむ手入れの楽なヘアスタイルを選んでください。
- 定期的にヘアカットをしましょう。毛先が根本よりも乾燥しているのが普通です。定期的に毛先を1センチほどカットすれば、ひどく痛んだ状態にならずにすみます。
- イソプロピルとか、エチルアルコールのようなアルコール成分を含んだスタイリング剤を使わないでください。これらの成分は髪をいっそう乾燥させてしまいます。
- P.79でご紹介したオイルトリートメントを定期的におこなうと効果的です。

ドライヘア／カラーリングヘア

バナナのヘアパック
熟れたバナナ　1本
オリーブオイル　大さじ1杯
つぶしたバナナをオリーブオイルと混ぜ合わせて髪の根本につけ、毛先まで伸ばしていきます。無惨な状態ですが、それだけの価値はあります。このパックで頭皮と髪をマッサージし、ラップか熱いタオルで髪をまいて、15分おきましょう。パックをすすぎ流してから、いつものようにシャンプーとコンディショナーでお手入れします。

たまごパック
卵白　1個分
エクストラバージン・オリーブオイル　大さじ2杯
プレーンヨーグルト　大さじ2杯
赤ワインビネガー　小さじ1杯
卵白を泡立て、他の材料と混ぜ合わせます。濡らした髪につけてよくマッサージし、10分おきましょう。このトリートメントは流れやすいので、バスタイムを利用するとよいでしょう。
　10分後に、シャンプーを2回し、パックをすべてきれいに洗い流しましょう。そのあと、いつもどおりに、コンディショナーでお手入れします。

ノーマルヘアのお手入れ

normal hair treatment

「正常な」髪という素晴らしいものをもっているなら、あなたにとっての最高の財産を生かすために、次のようなちょっとしたコツやアイデアを取り入れ、髪を健やかに保ちましょう。

髪はまとまりやすいですか？ やせたり、わらのようになったりしていませんか？ 枝毛はありませんか？ それはラッキー。あなたの髪は、頭皮のオイルバランスがよく、べたつきも乾燥もありません。正しいケア用品と技術を用いれば、このバランスを保つことができます。

- シャンプーは、髪が本当に必要としているときだけ使いましょう。おそらく、あなたが習慣的におこなっている回数よりも少なくなるでしょう。シャンプーはマイルドなものを使い、さらに、水で薄めてから使います。1度目のシャンプーがしっかり泡立てば、必ず2度する必要はありません。
- コンディショナーの量を減らしましょう。目の粗いくしや、シャワーにスプレーアタッチメントを付ければ、充分に髪のもつれを解くことができ、コンディショナーやヘアパックは必要なくなるかもしれません。
- 頭皮を週に1度マッサージしましょう。指にラベンダーオイルを3滴たらして頭皮に塗り広げ、マッサージします。P.88〜89のヘッドマッサージの頁を参照してください。マッサージは頭皮の血行を促進し、健康な髪を生み出す助けとなります。

あらゆるヘアタイプに共通するコツ

- 専門家によると、最後に冷水ですすぎ流すと髪のキューティクルが閉じるために、つやが増すそうです。
- できるだけ髪は自然乾燥させてください。ドライヤーを使うと髪が乾燥し、枝毛の原因になります。どうしてもドライヤーを使わなければならないときは、しっかりタオルドライしてから使いましょう。タオルドライに威力を発揮するのが、髪をスピーディに乾かす、超吸収性のタオルです。Aquisなどのブランドがあります。また、ドライヤーを使うなら、強力な風で髪をスピーディに乾かすワット数の高いもの（1800ワット）を選びましょう。ワット数の低いものだと乾燥時間が長くなってしまいます。
- 太陽の下に出るときは、必ず帽子をかぶることを忘れないでください。帽子は髪を紫外線のダメージや乾燥から守ってくれます。

プールや海に出かけるときは、まず髪を真水に浸しておけば、塩分や塩素の吸収量が少なくなります。さらによいのは、泳ぐ前に、パックやナチュラルなコンディショナーをつけ髪に「膜を張り」、保護しておくことです。

アボカドパック

アボカドは、その天然の油分によって、オイリータイプを除いた、すべてのヘアタイプに向く素晴らしいモイスチュアライザーとなります。アボカドをつぶして髪にもみ込み、シャワーキャップをかぶります。30分経ったら洗い流してください。いつもと同じように、シャンプーとコンディショナーで髪を洗いましょう。

すすぎいらずのコンディショナー

キャロットシード・エッセンシャルオイル（手に入らない場合は、ネロリオイルで代用）　3滴
カモミール・エッセンシャルオイル　3滴
ラベンダー・エッセンシャルオイル　3滴
ローズマリー・エッセンシャルオイル　3滴

つや出し効果のあるトリートメント・オイルです。シャンプー後、タオルドライしたら、手のひらですべてのオイルを混ぜ合わせて、すぐに髪につけてください（終わったら、よく手を洗いましょう）。頭皮に刺激を与えますが、頭皮に直接つけないでください。このオイルはすみやかに髪に浸透しますので、すすぎの必要がありません。

ヘア用フルーツサラダ

バナナ　1/2本
ライムの果汁　小さじ1杯
ココナッツミルク　大さじ2杯
パパイヤの果汁　大さじ1杯

材料をよく混ぜ合わせ、タオルドライした髪につけます。くしを使って髪を解かし、シャワーキャップをかぶって、タオルで巻きます。

「フルーツサラダ」の効果をさらにアップするため、頭から30センチ離してドライヤーを当て、巻いたタオルを温めます。シャンプーを2度し、すすぎます。

このヘアサラダをマスターしたら、別のトロピカル・フルーツでもチャレンジしてみてください。できるだけ柑橘類より多肉質の果物にしましょう――そのほうが濃厚なトリートメントが作れるからです。また、材料にアボカドも加えてみてください。アボカドには、つやを増す天然のオイルが含まれています。

バー直送リンス

オーガニック・ビール　400ml
りんご酢　100ml

材料をガラス製のメジャーカップに入れて混ぜ合わせ、シャンプー後、最後のすすぎ用として頭からかけます。そのまま自然乾燥させましょう。他の天然素材も、ヘアトリートメントやリンスとして、恐れず使ってみてください。色々と試すうちに、どの素材に対して、自分の髪がベストの反応を示すかわかるでしょう。しかし頭皮が過敏な方は、まずパッチテストをおこなう必要があります。

organic
hair colour

オーガニック・ヘアカラー

化学物質に頼らなくとも、天然素材が、

自然な髪の色の魅力をアップする助けをしてくれます。

増えつつあるハーブ原料のヘアカラー商品や、ヘアカラーの手作りにトライしてみてください。

研究所から、合成染料がこの世に送り出されるまで、女性は長年、レモン、カモミール、ビートの根、コーヒー、くるみ、ターメリックのような自然素材で髪を染めていました。今日では、大半の人がヘアダイを買い求めたり、美容院でカラーリングをしていますが、合成染毛剤の使用に関してはいくつかの問題が指摘されています。白髪を染めたり、金髪への変身を楽しむか、それとも髪の色を自然のままにしておくか、いずれかの選択に役立つ情報を、これから提供していきましょう。

ヘアダイのリスク

米国ガン協会と食品医薬品局が1994年におこなった調査では、20年以上黒のヘアダイを使い続けた女性は、非ホジキンリンパ腫と、症例が少なく、白血病に似た病気、多発性骨髄腫による死亡率が平均よりも若干高いことがわかりました。"The Safe Shopper's Bible"（安全な買い物のためのガイド）の著者サミュエル・エプスタインとデイヴィッド・スタインマンは、永久染毛剤や半永久染毛料を長年使い続けると、非ホジキンリンパ腫や白血病に冒される危険性が高まることを指摘しています。

1993年にハーヴァード大学公衆衛生学校とアセンズ大学医学部がおこなった研究では、永久染毛剤で年に1～4回髪を染めている女性は、まったく髪を染めていない女性に比べて、卵巣ガンにかかる確率が70パーセントアップするという結論を出しました。もちろん調査対象となった女性たちが、ガンを発症する別の要因を共通にもっていたのかもしれません。しかし、まだ原因は明らかになっていないのです。一時染毛料やカラーリンスですら、アシッドオレンジ87、ソルベントブラウン44、アヴィッドブルー178、アシッドヴァイオレット73のような発ガン性のある色素を含有しています。DEA、TEA（参照→P.16）も使われています。

ブリーチ剤はヘアダイよりも安全で、長期にわたって使用したとしても、健康を害する危険性はより少なくなります。しかしブリーチのデメリットは髪を乾燥させ、傷めてしまうことなので、ヘアコンディショナーをたっぷり使う必要があります。

自然派を選ぶ

よいお知らせがあります。植物から抽出した染料を使い、しかもたいへんきれいに仕上がる商品が増えてきたことです。ベースになっている植物は、ヘンナ、マリーゴールド、インディゴ、ブルーマルバ、ハイビスカス、ログウッド、カモミールなどで、このような自然派のヘアカラーが以前に比べはるかに入手しやすくなってきました。自分で髪を染

めるなら、次のブランドから商品を選びましょう。ロゴナ、レインボー・リサーチ・ヘンナ、Naturcolor、ウルテクラム、ハーバティント、アイゴラ・ボタニクス、ザ・ボディショップのハーバル・ヘアカラーシリーズ。

　美容院で染めたいという方は、染料に関する不安を美容師に話し、自分の選んだ天然素材の染料をお店に持ち込めないか、頼んでみましょう。美容師は仕上がりを保証したがらないでしょうが、それでもあなたはプロの技術に任せることで、安心できるかもしれません。現在ではベジタブル・ダイという商品も出ていますので、美容室で勧められるかもしれません。しかし、合成物質を避けたいと思うなら、商品ラベルを見せてもらいましょう。なぜなら、ベジタブル・ダイには、野菜染料と化学物質の両方が使われており、実際には、イメージほどピュアではないからです。

　ジ・アヴェーダ・シェード・オブ・エンライトゥンメント・ブロンディング・プロセスという商品では、アンモニアと過酸化水素ブリーチの使用量が最小限に抑えられています。そして有機栽培のひまわりオイル、ホホバオイル、ビーバー香が配合されており、鉱物油はごく少量しか使用されていないことが特徴です。また、ロンドンを拠点とする美容師で、いち早くカラーリングに天然の染料を使い始めたダニエル・フィールドは、ブリーチすら海草抽出成分を配合した新しいタイプのものを使っています（参照　→　P.122〜124）。

　ヘアダイの手作りには高度な技術が必要ですが、簡単に作れるハーブ類を使った浸出液でも、髪の色を明るくし、色に深みを与えることができます。自然な髪の色合いをより豊かにする、P.86〜87のレシピにトライしてみてください。

hair colour *recipes*

ヘアカラーの作り方

ここでご紹介するホーム・ヘアカラーでは、化学染料のようなドラマチックな色の変化は見られませんし、白髪を隠すこともできません。それでも、使用後は明らかな違いが出てきます。

白髪の気になる髪に向く
セージと紅茶のリンス

乾燥セージの葉　大さじ4杯
水　100ml（1/2カップ）
紅茶のティーバッグ　1袋

分量の水を沸かし、セージの葉とティーバッグを入れて30分おくだけです。髪につけて30分経ったら、すすぎます。そのあとは普段どおり、シャンプーとコンディショナーでお手入れします。

色長持ちの赤リンス

注意：ヘンナは赤の永久染料ですから、髪の色が変わっても後悔しないか、よく考えてからおこないましょう。自分の思い通りの色になるよう、必ず少量の毛束で試してから進めましょう。ヘンナは、洗面所やボウル、そして皮膚まで染めてしまいますので、薬局で売っている手術用手袋を使ってください。ヘンナを使用するときは、オイルベースのクリームを生え際に塗って皮膚を保護し、額が赤く染まらないよう気をつけてください。

紅茶のティーバッグ　1袋、
もしくはコーヒーの挽き粉　小さじ1杯
ヘンナ・パウダー　100g（1/2カップ）
オリーブオイル　大さじ1杯
水　200ml（1カップ）

分量の水を沸かし、ティーバッグかコーヒーを入れたポットに注ぎます。充分色が出たら、漉しましょう。この液をヘンナ・パウダーを入れたボウルに注ぎ、さらにオリーブオイルと、必要に応じて水を加え、なめらかなペースト状にします。できあがったらすぐに髪につけ、ラップで髪を巻きます。お好みで、この上からさらにシャワーキャップをかぶり、温めたタオルで巻いてもよいでしょう。2～3時間そのまま過ごしたら、すすぎ、シャンプー、コンディショナーの順でお手入れします。

● 赤みがかった髪には、クランベリージュースが天然の光沢剤として使えます。クランベリージュースは髪のつやを増し、赤をより明るく魅力的に見せてくれる効果があります。使い方は、シャンプーをする前にクランベリージュースに髪を浸すだけ。2分おいたらマイルドなシャンプーで洗い流し、いつもと同様にコンディショナーを使います。

黒っぽい髪に向くリンス①

乾燥セージ　大さじ4杯
乾燥ローズマリー　大さじ2杯
水　400ml（2カップ）
りんご酢　大さじ1杯

すべての材料をガラス製の鍋に入れ、30分煮たら、漉して冷まします。洗髪後、最後のすすぎに使いましょう。

黒っぽい髪に向くリンス②

● アメリカニワトコを使ったリンスは、黒っぽい髪に、赤褐色の色味をプラスしてく

れます。鍋に、ひと握り(多めに)のニワトコを入れ、かぶる程度に水を入れます。20分間煮たら漉して、冷ましましょう。シャンプー後の最後のすすぎに使います。
●黒っぽい髪は、最後のすすぎ水にりんご酢を加えるとつやが増し、より深みのある色に見せることができます。

ブロンドを輝かせるリンス
きんせんかの花　200g(1カップ)
カモミールの花　200g(1カップ)
オレンジの皮　200g(1カップ)
レモンの皮　100g(1/2カップ)　＊オイリーヘアの場合のみ加える
乾燥コンフリー(ヒレハリソウ)の根　100g
りんご酢　600ml(3カップ)

花は乾燥でも生でも構いませんが、生花を使う場合は表記の2倍の量にしてください。大きめの容器を用意し、りんご酢を除く材料をすべて入れます。りんご酢を火にかけ、沸騰直前で火からおろして加えます。冷めたら、暗い場所で10日寝かせます。その間、毎日容器を振ってよく混ぜ合わせてください。10日経ったら布で漉し、最後はハーブを布でくるんで、最後の1滴まで絞り出します。400ml(2カップ)のお湯に、このハーブ酢を大さじ2杯加えて、シャンプーやコンディショナーを使ったあと、最後のすすぎに使ってください。

ブロンドを明るくする簡単リンス
カモミール・ティーバッグ　10袋
お湯　800ml(4カップ)

沸かしたてのお湯をティーバッグの上に注ぎ、2〜3分おいて充分色が出たら、ティーバッグを取り出し、そのまま冷まします。シャンプーのあと、髪にかけて使います。カモミール・ティーには髪を明るくする効果があります。洗面器で流れ落ちる液を受けて、さらに2〜3度すすぎをくりかえします。

ヘッドマッサージ

reviving head massage

頭皮のマッサージには、多くの利点があります。

毛包(もうほう)を刺激して健康な髪の成長を促すと同時に、ストレスから解放する作用があります。

次のようなステップで、頭皮の緊張をほぐしてください。

なぜ、インドや東アジアでたいへん人気のあるヘッドマッサージが、髪や体の健康に役立つのでしょうか？　医師や毛髪の専門家は、頭皮の状態によってストレスのレベルを診断できると言います。人がストレスを受けると、頭皮を頭蓋骨に密着させている筋肉が緊張します。しかし頭皮は手を使わなければ、ほとんど動くことはありませんので、マッサージで頭皮の筋肉をほぐせば、緊張がほぐれると同時に、血行がよくなります。

アーユルヴェーダの医学では、ヘッドマッサージは欠かせない健康法のひとつであり、脳脊髄液を活性化させ、神経系を強化する効果があると考えられています。

オイルを頭皮につけると、毛根から吸収されます。そして毛根は、脳に直接つながっている神経線維と結びついています。このオイルは、髪を強くし、つやを与え、頭皮の不調の多くを改善します。さらに抜け毛や、はげを食い止めると信じる専門家もいます。子どもの脳を最良の状態にするため、インドの母親は、赤ちゃんの大泉門(出生児に薄膜で覆われている頭頂部の軟らかい部分)が開いている間、この部分をオイルに浸した綿か麻布で覆います。

ホリスティック的ヘアケア

「マッサージによって、ある特定の植物成分を直接頭皮に付けると、抜け毛のもっとも多い2つの原因を取り除くことができます。それは、汚れや油の詰まった毛穴と、血行不良です」と、植物を使った美容の研究家、フィリップ・Bは述べています。

マッサージで頭皮にオイルをすり込むと、毛包そして頭皮そのものにも非常に有効です。お休み前にマッサージをおこない、タオルで髪を巻いて眠り、よく朝シャンプーをすると最良の効果を得られます。

リラックス・ヘッドマッサージ法

腰掛けて自分でマッサージしてもよいのですが、さらによいのは、誰かに頼むことです——あなたもマッサージのお返しをしましょう。

1　額から頭頂部を通り、後頭部、襟足まで、軽く叩いていきます。次はこめかみから始め、耳を通って、反対側のこめかみまで叩いていきます。以上を1セットとして、何度か繰り返します。力もじょじょに強くしていきます。

2　指の腹を使って、頭皮に小さく、しっかりとした円を描きます。頭皮全体におこないます。額からスタートし、頭全体へと進めていきます。耳のまわりと頭蓋骨の基部は特に注意してマッサージしましょう。ストレスのたまりやすい場所だからです。

3　指だけを動かさず、できるだけ頭皮を一緒に動かしましょう。その下の筋肉のこりをほぐすことができます。

髪をイキイキさせる
ヘッドマッサージ・オイル

ベースとしてエクストラバージンオイルを大さじ2杯、これに、小麦麦芽オイルとホホバオイル、各大さじ1杯を加えます。

- ドライヘアなら、ゼラニウムオイル8滴、ラベンダーオイル12滴、セージオイル6滴を加えます。
- オイリーヘア（オイリーにもっとも効果的です）なら、ティツリーオイル8滴、ラベンダーオイル8滴、パチョリオイル8滴を加えます。
- ノーマルヘアには、ローズオイル8滴、ラベンダーオイル8滴、ローズマリーオイル8滴を加えます。
- フケ症には、サイプレスオイル10滴、ジュニパーオイル10滴、シーダーウッドオイル8滴を加えます。もっとも効果を高めるには、オイルを温めることです。沸かしたてのお湯を入れたボウルにカップなどを入れ、湯煎でオイルを温めます。5分経ったら、温まっているはずです（マッサージ後に熱いタオルで髪を巻くという方法でも、オイルが髪の芯まで浸透し、同様の効果を上げることができます）。

髪にこのオイルをつけ、鎮静効果のあるヘッドマッサージを行えば、神経系をトータルになだめてくれます。さらに効果をあげるため、マッサージに次のような動作をプラスしてください。

- 額のマッサージは脳内に充足感を生み出し、視力と集中力をアップさせると言われています。
- こめかみのマッサージは視力と集中力を高め、注意が一点に集中した状態を生み出します。
- まゆと目のまわりの骨をマッサージすると、体全体をリラックスさせ、頭痛に悩む人に効果的です。

4 髪をなでてから、軽く髪を根本の当たりでひと握りし、頭皮に対して垂直に、やさしく引っ張ります。

5 握った髪を離し、指を髪の間に入れます。片手で髪を引っ張りながら、もう一方の手は開いて指を髪の間に入れる、という動作をリズミカルにおこないます。緊張が毛先から逃げていく様子を思い浮かべながらおこないましょう。

6 頭の両サイドに手を当てます。こめかみに手首の際を当て、耳を覆います。

7 やさしく手を頭に押しつけ、2秒間止めます。

8 少しずつ力を抜き、手のひらを上にすべらせて側頭部を通り、やさしく頭頂から上へ抜きます。数回繰り返しましょう。

健康な髪を作る食事

eating for healthy hair

食生活が充実していれば、あなたの髪は健康な輝きで応えてくれるでしょう。

健康な髪を作るためにぜひ選びたい食品と、

髪をベストコンディションに保つ方法をお教えしましょう。

髪は、あなたが体に取り込んだ食品から作られています。ですから、キラキラと輝くような髪を望むなら、バランスのとれた、オーガニックな食事を心がけ、髪に栄養を届けることです。栄養が足りないと、髪の状態にも悪い影響を与えます。

毛髪の専門家として世界的に著名なフィリップ・キングズリーは、薄毛に悩んで彼のクリニックを訪れる、25〜35歳の人が急増しており、その原因は栄養不足にあると報告しています。彼は、食事内容と、1日2000カロリーに満たない摂取カロリーとの間の大きなギャップが問題だと述べており、また運動のしすぎも髪の健康に影響を与えるとしています。同氏は、食間が4時間以上開くと、毛包内のエネルギー量が減少し始めると述べています。間食として果物を食べることを勧め、バランスのよい食生活を心がけるようアドバイスしています。

髪によい食品には、全粒粉パン、低脂肪乳、鶏肉、オレンジジュース、濃い色の葉野菜(ケール、ほうれん草、からし菜など)やブロッコリが挙げられます。ビタミンB2とビオチンの摂取量を増やすため、アボカド、酵母エキス、トマト、卵黄も、たくさん摂りましょう。亜鉛が足りないと頭皮が乾燥し、フケが出やすくなります(亜鉛分の豊富な食品については、P.67をご覧ください)。

加えて、良質な油脂(参照 →P.67)を充分摂ることも大切です。次のように警告する専門家もいます。脂肪分を極端に抑えた食事──1日に脂質から摂取すべきカロリーの15パーセント未満──を続けている女性は、髪がやせ衰えてくる、と。しかし、たとえ健康な髪を求めて充実した食生活をスタートさせても、一夜で奇跡が起こることを期待してはいけません。前出のキングズリー氏は次のように述べています。「食事の変化が毛包によい影響を与えるまでに少なくとも3〜4ヶ月、薄くなった髪に変化が感じられるまでに6〜12ヶ月かかる」。

● 健康な髪のために、1日に少なくともカップ2杯のスペシャル・ハーブティーを飲みましょう。材料には、ローズマリー、イラクサ(ネトル)、トクサ(ホーステイル)などを使います。これらにペパーミントのようなハーブを加えれば風味がさわやかになり、飲みやすくなります。

美容とブラッシング

おばあちゃんの知恵は確かです。50〜100回のブラッシングは頭皮を刺激し、髪に天然の油分を広げて、髪を保護します。またブラッシングには、素晴らしいマッサージ効果があります。

ヘアブラシには、様々な素材のものがあります。プラスチックや合成樹脂のものもありますが、買うなら天然素材のものにしましょう。ゴム製は金属やプラスチックのものよりも、頭皮への当たりがはるかにソフトです。もっとも髪にやさしいブラシは、台にゴムパッドがついており、クッション性があるものです。また、ハンドルが木製だと手触りがよく、長持ちします。大型の自然食品店なら、木製ブラシの種類が豊富に揃っているでしょう。アヴェーダのブラシは特に使い心地がよく(私の愛用品です)これなら、デパートでも扱っています。

健康な髪を作る食事　91

明するために、毛髪分析をおこなう例が多くなっています。この事実を考えても、私たちが飲食や他の手段で体内に取り入れたもの、また、足りないものを髪が知らせてくれる、という考えをあっさり否定することはできないと思います。

栄養の行き届いた髪

もちろん、髪に充分栄養が行き届いていることを確信する最良の方法は、バリエーションに富んだ、オーガニックな食生活をすることです。未精白の穀物、生鮮野菜、果物をたっぷりと取り、砂糖とアルコールを最小限にします。毛髪診断で栄養不足と言われ、高額なビタミンやミネラルのサプリメントを勧められるまま購入する前に、できるだけ健康的で規則正しい食生活を数ヶ月続けてみてください。そうすれば、きっとあなたの髪と肌は健康的に美しく輝き、体にエネルギーが満ちあふれてくるでしょう。

髪の分析——
その結果からわかるものは？

髪を見れば、専門家はあなたが栄養不足かどうか、わかるものなのでしょうか？東洋医学の専門家の多くはそう信じているでしょうが、西洋医学では、なお懐疑的です。もし抜け毛が多いとか、つやがないといった髪のトラブルを抱えているなら、栄養不足が原因かもしれません。例えば切れ毛は、銅やカルシウムのアンバランスを表すことがあります。私たちが食べたり、飲んだり、また他の方法で体に取り込んでいるものは、髪にも取り込まれているわけですから、髪の状態が食事に不足しているものの目安になるという考え方もあります。採石場では、鉱物層によって年代が特定されます。髪も同じようなものと考えてください。

医師の多くは、髪の分析を「インチキ栄養診断」（あるホームページから引用した言葉です）とみなしているようです。それは次のような理由からです。「頭皮の下にある毛根を除いて、髪にはビタミンが含まれていません。また髪を見て、ミネラル分の欠乏がわかるはずがないのです。なぜなら、髪に含まれる『正常な』ミネラル分の最低量というものが、まだ科学的に確定されていないのですから」。しかし裁判で、当事者が薬物を使用していたかどうかを証

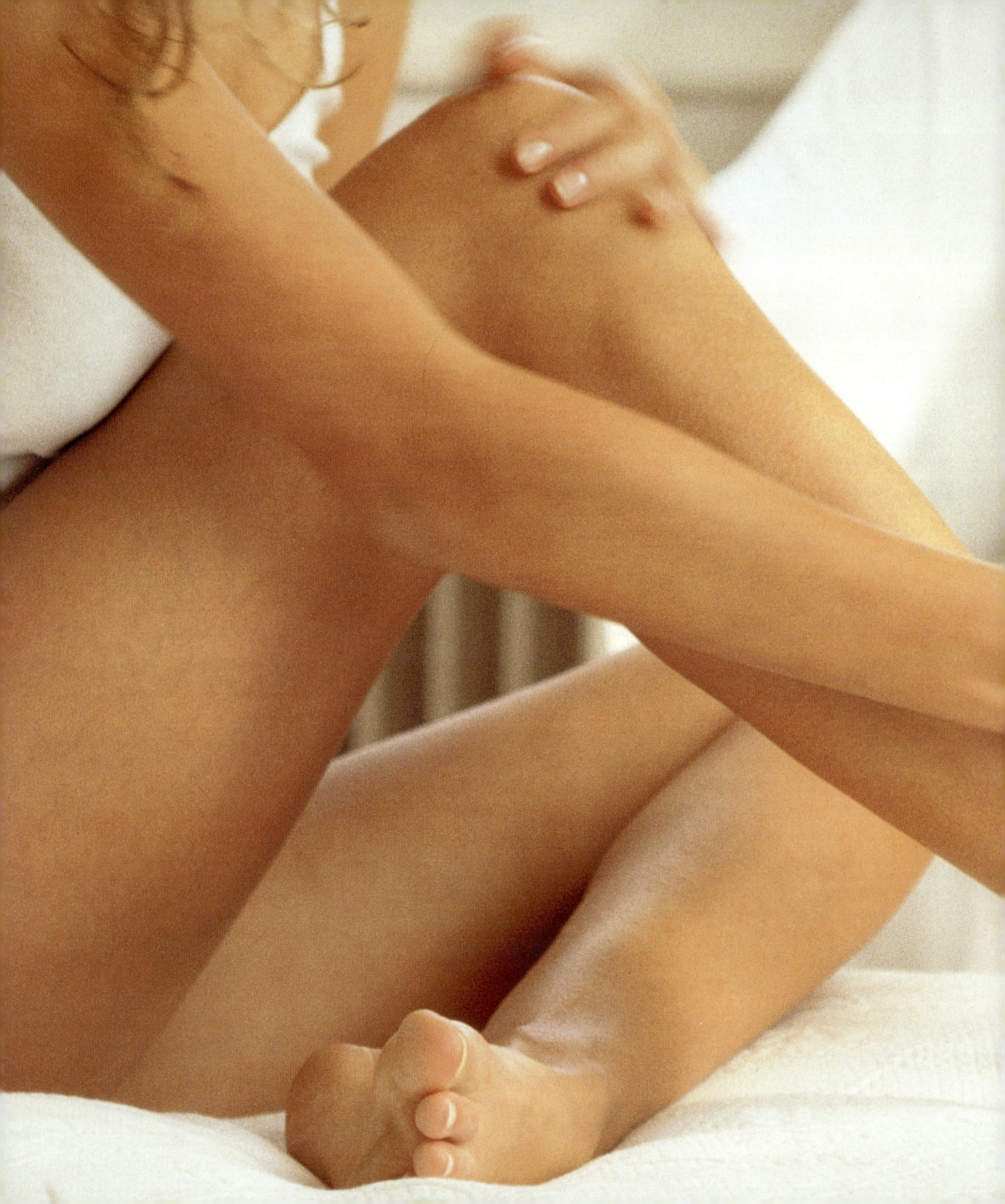

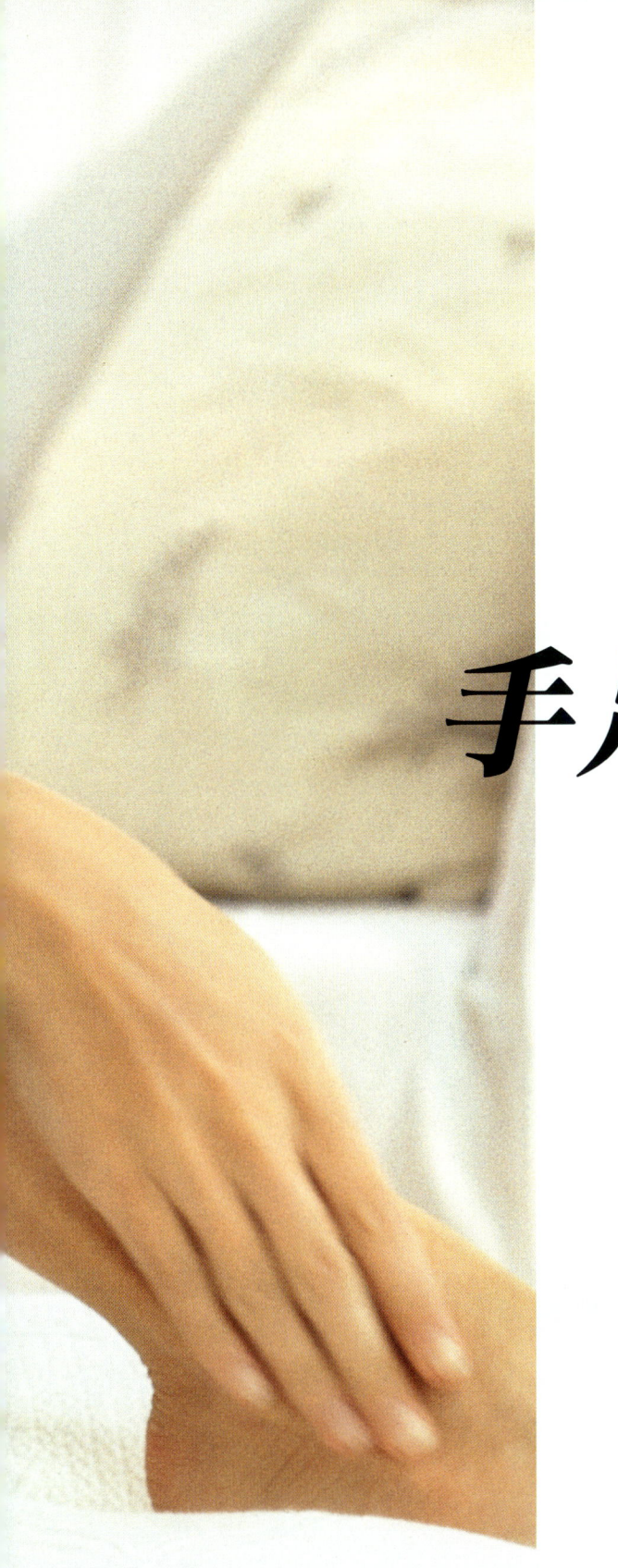

「忘れられた手足」。手と足は、常にお手入れが後回しにされがちな場所です。しかし髪と同様、手足の健康やお手入れ度も、あなたの心身の健康状態や自分自身をどう感じているか、周囲の人々に雄弁に語っているのです。手入れの行き届いた幸せな足は、あ

手足を美しく

なた自身も幸せにしてくれます。なにせ、あなたの足は生涯にわたって、計りしれないほどの道のりを歩ませてくれるのですから。誰もが思わず触れたくなる健康的で美しい手指やつま先を目指して、お手入れにはオーガニックな選択をしてください。

de-stress
hand exercises

手の緊張をほぐす

手は、日常生活のあらゆる場面で使う部分であり、目立つ場所のひとつでもあります。しなやかで強い手にするために、次に紹介するエクササイズを、定期的におこないましょう。きっと違いを感じるはずです。

色気を感じさせたり、ベルベットのような印象を受ける手よりも、もっと大切なのは、年をとっても関節が柔らかくて、よく効く、しなやかで強い手を作ることです。

緊張をほぐす

手、とりわけ指は、体の中でも物をつかむための緊張がともなう最たる場所です。手のストレスをとってあげると、その結果、体全体がストレスから解放され、体には平穏とバランスが戻ってきます。無意識に手をぎゅっと握りしめていることがないか、丸1日気をつけてみてください。もし手を握りしめていることに気付いたら、30秒間、手をしっかりと振って緊張を解きましょう。

同時に、手を形よく保つため、次のようなエクササイズをおこなえば、生涯、強くて、しなやかな手を保つことができます。まずは、マッサージオイルで手を温めましょう（参照 →P.102）。

手のエクササイズ

1 手を強く握りしめて3秒保ちます。次に手をパッと大きく開き、指の間を開け、充分指を伸ばした状態でさらに3つ数えます。

2 1のエクササイズを10回繰り返したら、手首を回します。外回し、内回しともに10回ずつおこないます。

3 指を1本ずつ曲げていき、手のひらを下に、ふんわりと手を丸めます。次に手のひらをゆっくりと上に向け、指を1本ずつやさしく開きながら、まず指をしっかり伸ばし、次に指の力を抜きます。左右5回ずつおこなえば、最良の結果が得られるでしょう。

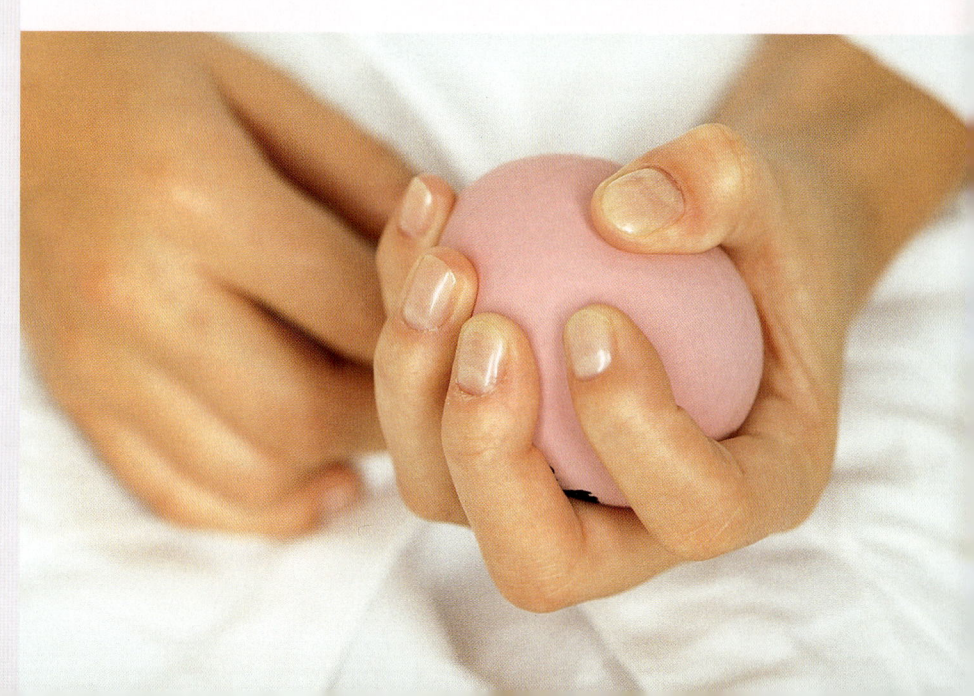

手の緊張をほぐす　**95**

- 爪の伸びを早め、また黄ばみを防ぐために、指先と手の血行を促しましょう。ピアノを弾くように、テーブルを指で叩くと効果的です。

- オリジンズから出ている「ストレス・ボール」には、2つの利点があります。手の筋肉を鍛えられるだけでなく、ストレスを取り除く効果もあります。

- ピアノのレッスンを受けてみてはどうでしょう。ピアノレッスンを始めるのに最適な年齢が7〜10歳であるとはいえ、英国の王立音楽学校のスポークスマンは、次のように述べています。「ピアノを始めるのに遅すぎるということはありません。ピアノは、指を強くしなやかにします。70代や80代になっても、指のしなやかさがあれば、ピアノを上手に弾くことができます。ピアニストとしてステージに立つのは無理だとしても、あなたの両手は、きっと歓迎してくれるでしょう」。

ハンドケア

ガーデニングや洗濯などの苛酷な作業や天候に

もっとも痛めつけられているのが、手と爪です。

ここでは、できるだけナチュラルな手段で、手をいたわり輝かせる方法を紹介します。

天然成分のみを使用した素晴らしいハンドクリームが市販されています。ヴェレダ、ジュリーク、ロゴナ、ドクター・ハウシュカ、リヴィング・ネーチャー（問い合わせ先はP.122〜124をご覧ください）の各メーカーから、非常にすぐれた天然成分100パーセントのクリームが出ています。ですがここでは、クリームをつける代わりに、日常生活が手から奪ってしまったものを取り戻してあげる、お金のかからない方法を紹介します。

● 爪が汚れていたら、レモンの絞り汁をつけて汚れを落とし、白ワインビネガーに浸けて、こすります。

● アーモンドオイルかオリーブオイル小さじ2杯に、ハチミツ小さじ1杯を混ぜ、洗って水気を拭き取った手につけてマッサージします。木綿の手袋をはめて休みましょう。朝起きたら、手を洗います（ひとりで眠れるときに実行しましょう！）。

● パーフェクトな爪とは強くてしなやかです。ですから、人生があなたの爪に試練を与えても、折れることはありません。ネイルハードナーと呼ばれる強化剤の大半は、爪にとって大切な油分を乾燥させて、初めて効果を発揮するため、結果的に爪をもろくします。毎日、温めたアーモンドオイルかオリーブオイル（繰り返し使えます）に爪を浸すのが、強い爪を作る究極の方法です。終わったら、手をきれいに洗ってもよいですし、手に残ったオイルを、皮膚が吸収するまで、マッサージするとさらに効果があります（残ったオイルは再び使えます）。

● トリートメントオイルを手につけるたびに、ミニ・ハンドマッサージをおこなえば、モイスチュアライザーが皮膚に浸透し、手の血行を促します。左手の手首と甲を右手で支え、親指を使って手のひらをマッサージします。円を描きながら、深くしっかりとマッサージしましょう。次に左手の手のひらを返して、関節や指の間をやさしくマッサージし、こりを取ります。次に指を1本ずつソフトに引っ張って離し、リラックスさせたら、指のつけ根から指先に向かって、気持ちよい程度に指圧していきます。最後に、左手を立て、右手の親指とそのほかの指で、左手の指を1本ずつはさんで、指先から手首まで、強くなでつけていきます。手の鬱血を取る効果があります。同様に右手をマッサージします。

● マニキュアの代用になるものはありません。ですから、リムーバーは使わねばならないのです。大半のリムーバーは爪をひどく乾燥させますが、マニキュアのボトルにアーモンドオイルを2〜3滴たらしておくと、リムーバーを使った際に失ってしまう油分をいくらか減らすことができます。リムーバーを選ぶ際は必ず、爪を損なう最悪の成分アセトンを含まない商品にしてください。

● 市販のマニキュア代わりに、蜜ロウ、ココアバター、柔らかい布などで爪を磨いてみましょう。

ハンドケア　97

- オーガニックなガーデニングは健康と地球環境にはプラスになりますが、なめらかでやわらかな手には大敵です。とはいえ、手袋をすると、土の中では根の感触がわかりにくく、作業しにくいものです。そこで、私がみつけた解決策は、薬局で売っている外科手術用のラテックス手袋です。土の中のあらゆるものの感触が得られるうえ、手は濡れることなく、きれいなままです。しかし、イラクサのトゲなどから指を保護することはできませんので、ご注意を。
- 手を、あらゆる種類の化学物質にできるだけさらさないようにしましょう。水、せっけん、住宅用洗剤は、手を乾燥させ、ささくれを作る原因となります。爪の脇や根本の皮膚がささくれると、衣服やタオルに引っかかりやすくまります。紙で指を切ったときと同じように、傷は小さくとも症状はたいへん不快です。皿洗い、床や窓、車や風呂そうじのような家事をする際は、専用の手袋（上で紹介したラテックス製を試してみてください）で必ず手を保護しましょう。

リッチな付け心地のレモンハンドクリーム
レモンの果汁（絞りたてのもの）1個分
アーモンドオイル
蜜ロウ　小さじ1杯
レモンオイル　5滴

レモン果汁を布で濾します。果汁をメジャーカップに入れ、同量のアーモンドオイルを加えます。蜜ロウは、お湯を張った鍋にセットした耐熱ボウルに入れて溶かします。しばらくするとアーモンドオイルがレモン果汁の上に浮かんできますので、浮かんだオイルを集めて、蜜ロウのボウルに加え、蜜ロウが溶けきるまで、しっかりかき混ぜます。それからメジャーカップの残りを加え、温めて、しっかりかき混ぜ、材料をなじませます。木製のスプーンでかき混ぜながら冷まし、レモンオイルを1滴ずつ加えます。容器に移し、このレモン・ハンドクリームが冷めるまで、ときどき容器を振り混ぜてください。

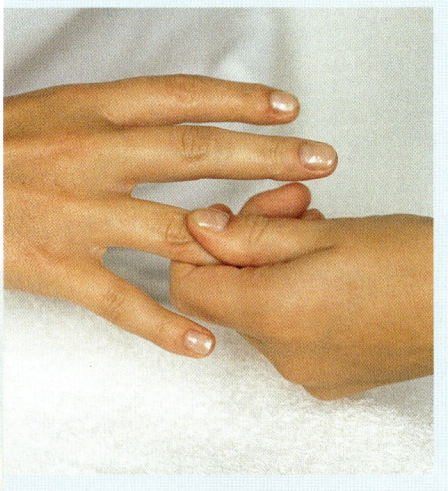

甘皮ソフナー
オーガニック卵の卵黄　1個分
パイナップル果汁　大さじ1杯
レモン果汁　5滴
レモン・エッセンシャルオイル　1滴

このミックスで、甘皮を柔らかくしましょう。卵黄とパイナップル果汁を混ぜてから、レモン果汁とオイルを加えます。

爪をこの液体に15分間浸し、甘皮専用のゴムスティックで、やさしく甘皮を押し下げます。

爪のようにタフなアロマセラピー・オイル
ホホバオイル　25ml（1/8カップ）
スウィート・アーモンドオイル　小さじ1/2杯
ラベンダー・エッセンシャルオイル　5滴
乳香（フランキンセンス）エッセンシャルオイル　5滴

保湿と、軽い殺菌効果のあるオイルです。朝晩爪につけてマッサージすれば、爪を強くしなやかに保つことができます。甘皮をしっとりさせる効果もあります。

冬の手を守るオイル

北風が吹き始め、暖房のスイッチを入れる季節になると、手の乾燥がひどくなります。材料に使った砂糖の天然の粒子が古い皮膚を具合よくはがす一方で、肌をソフトにする驚異的な天然素材、オリーブオイルが手をみずみずしく保ちます。
オーガニックのグラニュー糖　大さじ1杯
オリーブオイル　大さじ2杯
お好みのエッセンシャルオイル　3滴

材料を小さめのボウルで混ぜ合わせます。このオイルを指に取り、手をマッサージします。荒れたり、赤味を帯びていたり、たこができている部分や、甘皮、指の関節など、手のすみずみを、このオイルでマッサージしましょう。しばらく時間をおいてオイルを手に浸透させたら、お湯に浸したタオルで拭き取ります。手の水分を拭き取ったら、モイスチュアライザーをたっぷりつけましょう。

入浴中にこのお手入れをすれば、オイルを手につけたまま、ゆったり過ごすことができ、お勧めです。ただ、手をお風呂のお湯につけないように注意してください。

nail foods
and natural polish

爪の健康

マニキュアで爪をエレガントに飾ると、その途端に自信がつくものですが、100パーセント天然素材のマニキュアは存在しません。ですから、豊かな光沢のあるカラフルなマニキュアを望むあなたに、商品を選択する目安をお教えしましょう。

マニキュアの成分から、特定の化学物質を除くメーカーが増えつつあります。米国国際ガン調査機関によれば、マニキュアの保存料と固着剤として広く使用されているトルエンとホルムアルデヒドは、鼻と喉を刺激したり、発疹、頭痛、吐き気、喘息を引き起こします。さらに、専門家はホルムアルデヒドの発ガン性も指摘しています。マニキュアを塗ることが、このような危険に結びつく「極限の化粧」には当たらないとしても、ナチュラルヘルスの観点からすれば、有害性のある化学物質には触れないに越したことはありません。

エイボンやクリニークなど、このような化学物質を使用しないマニキュアを作っているメーカーが増えています。商品のラベルを見れば、「トルエン、ホルムアルデヒドを使わない」と、きっと書いてあるでしょう（もし見当たらなかったら、成分表をチェックしてください）。しかしラベルにそう明記されていたとしても、「ナチュラルな」マニキュアですら強力な化学物質を含んでいる事実を匂わせているに過ぎません。ですから、マニキュアを使わずに爪を磨く方法を考えたほうがよいでしょう。もしマニキュアを付けるなら、爪以外のメイクに使うのは避け、乾ききるまでは肌に触れないようにしましょう。一方で、革命的な「エコ」マニキュア誕生のニュースには要注目です。フランス人科学者によって開発されたもので、ベースは水。手足の爪を塗ることに興味を示す子どもが使っても安心です。

リムーバーは、「アセトン・フリー」のものを探しましょう。アセトンは、爪をからからに乾燥させてしまいます。ロンドンのナチュラルヘルス・ショップ、ファーマシアには、爪にやさしいリムーバーなど、ネイルケア商品が揃っています（問い合わせ先リスト→P.122〜124）。

ネイル強化剤は、よく考えてから使いましょう。強化剤は、爪を損なう化学物質の働きこそが商品の特徴であり、爪を乾燥させることによって、始めて効果を発揮します。しかし、結果的に爪は割れやすくなります。爪のために、あなたができる最良のお手入れ方法は、毎晩お休み前に、甘皮にオイルを塗ることです（参照 →P.96）。マッサージの指の動きが血行を促し、オイルが爪のコンディションを整え、爪のしなやかさを増します。書類整理やガーデニング、スーツケースをもつといった試練を与えても、爪が折れることはありません。

リムーバーは、必ず子どもの手の届かないところに置くようにしてください。多くの商品には、飲み込むとシアン化物に分解されるアセト酢酸が含まれています。同様に、マニキュアも子どもの手の届かないところに保管すべきです。

健康な爪を作る食事

爪には、肌や髪と同じ栄養素が必要です。ですから、栄養不足だと爪に表れます。爪が弱い場合の共通の原因は、鉄分の不足だと考えられています。ビタミンAとカルシウムがあまりにも不足すると、爪が乾燥し、割れやすくなります。また、ビタミンBの摂取が不充分だと爪がひどく乾燥し、もろくなります。

爪の根本の白い部分が大きくなってきたら、亜鉛不足を表しています。このような爪のトラブルをなくすための食品については、P.66〜67で詳しく述べています。

ネイルケア

natural manicure

少し時間をとって、

ワンステップずつていねいに爪のお手入れをしてみませんか？

環境への負担を抑えながら、美しくマニキュアを仕上げるコツを紹介します。

マニキュアの塗り方

1　マニキュアやリムーバーを使う前に窓を開け、体が受ける化学物質の影響を最小限に抑えましょう。また、行きつけの化粧品店やドラッグストアで、アセトンの含まれていないリムーバーを尋ねてみます。自分で探すなら、ラベルに「爪にやさしい」とか「爪が乾燥しない」という言葉が手がかりになります。

2　古いマニキュアを落とします。コットンを用意しましょう。爪の隅の部分は、コットンを甘皮用スティックに巻き付けて使います。木製や金属製の道具は、あらかじめコットンで爪を充分磨くまでは、決して使わないでください。

3　伸びすぎた爪を短くします。爪用のはさみを使いましょう。爪切りを使うと、爪が割れやすくなります。爪は端から先に切ります。次に、紙製の爪やすりで形を整えます。端から中央に向かって軽くやすりをかけます。爪やすりは、ソフトで弾力性のあるものを選びます。発泡性の裏張りのおかげで、手触りがしっとりとしており、一生使える商品を探しましょう。

4　スポイトを使って、「爪のようにタフなアロマセラピー・オイル」(参照 → P.97)を甘皮にたらし、親指で円を描くように充分に塗り込みます。

5　少なくとも1分以上ぬるま湯に指を浸け、その後しっかり水分を拭き取ります。

6　甘皮のまわりの皮膚をやさしく押し下げて、すっきりとした、美しいラインを作ります。コットンを巻いた甘皮用スティックを使ってください。ゴムのチップがついた、馬蹄形のスティックなら、より使いやすいでしょう。

7　手をしっかり洗い、柔らかい爪ブラシでブラシをかけます。爪を水で流し、充分タオルで水気を拭き取ります。もしマニキュアをつけるなら、1滴でも水分か油分が爪に残っていると、マニキュアの付きが悪くなることを覚えておいてください。爪を磨くだけにするなら、再びオイルを1滴落として、爪磨きを使っておこないます。セーム革を使った商品でもよいでしょう。ザ・ボディショップの、とても弾力性のある爪磨きもお勧めです。磨くときは、必ず爪を横でなく、縦方向に磨いてください。こうすると血行が促され、美しいつやが出てきます。

8　マニキュアを付けるなら、まずベースコートで、爪の表面を甘皮の手前まですべてカバーします。ベースコートをつければ、マニキュアの色が爪に残ることがありません。

9　トルエンとホルムアルデヒドを使わ

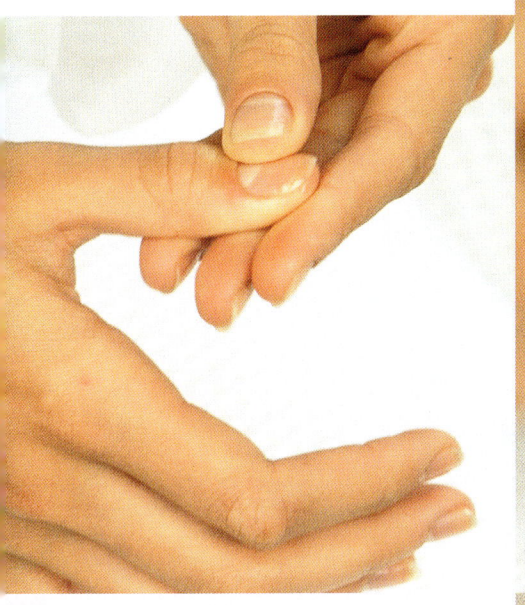

ないネイルカラーからお好みのものを選んで塗ります。爪の中央から先に塗り、次に両サイドという順で進め、塗り終わったら、もう1度塗り重ねます。甘皮につかないよう、充分注意してください（もしついてしまったら、リムーバーをつけたオレンジスティックで、きれいに拭き取りましょう）。

10 軽くトップコートを塗り重ねれば、つやが増して傷がつきにくくなります。触ってみてマニキュアが乾いていたら、「爪のようにタフなオイル」(参照→P.97)を甘皮に1滴落として、爪をごく軽くこすります。こうすれば、驚くほどスピーディに乾きます。理想を言えば、マニキュアを完全に乾かすために1時間半ほど置くべきなので、少なくとも30分は腰掛け、くつろぎましょう。

11 マニキュアを長持ちさせるために、1日おきにトップコートを塗り重ねます。

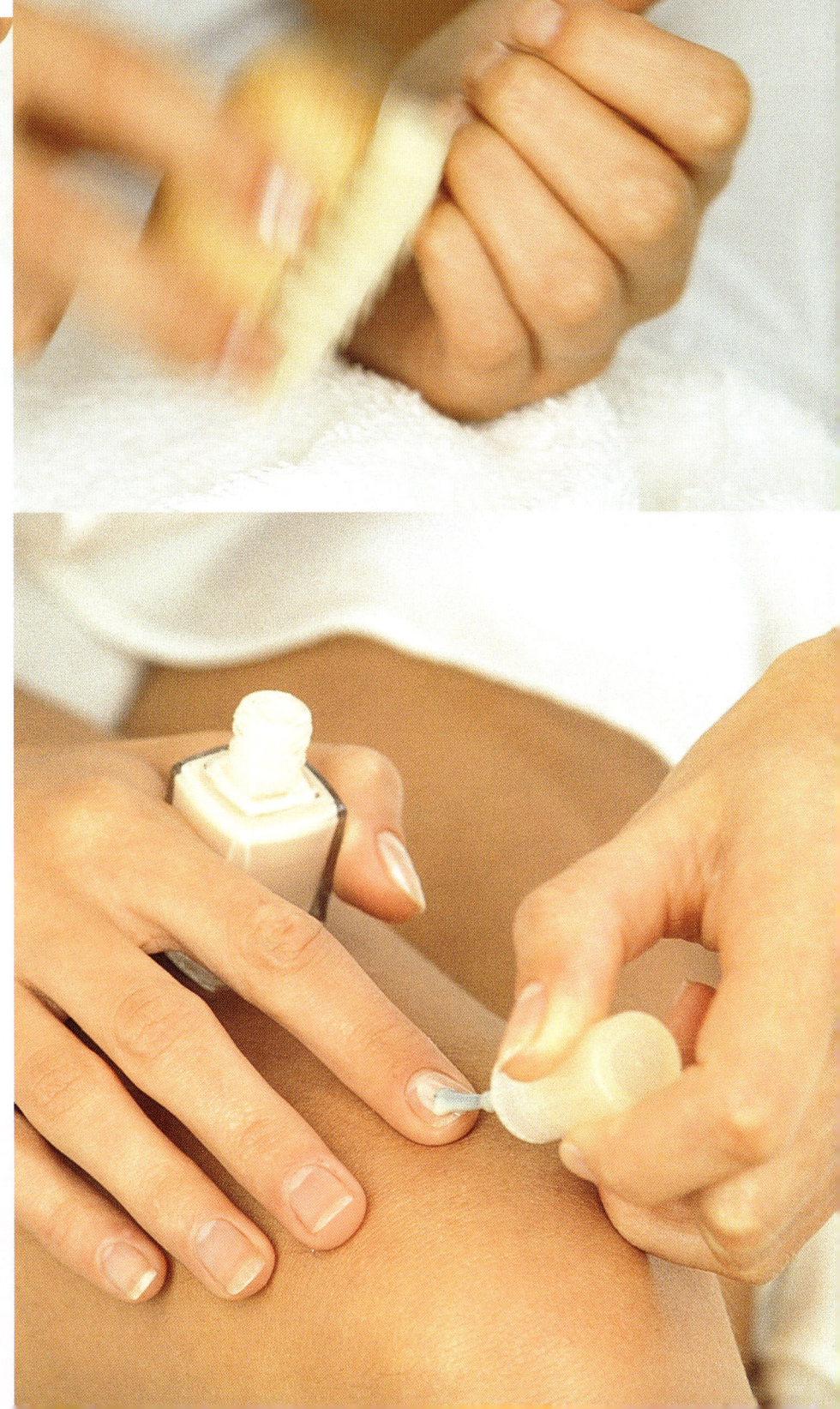

relaxing foot massage
フットマッサージ

疲れた足をマッサージでもみほぐすことは、全身のマッサージに次ぐ効果があります。

足には多くの神経終末があるため、

足をもむと、その日の不安や悩みは、消えてなくなります。

フットマッサージに必要なもの

柔らかで温かい手 手が冷えていたり、ざらついていてはいけません。マッサージを始める前に、マッサージオイルを手につけて両手をこすり合わせ、手指を柔らかく、温かな状態にしておきましょう。

さらりとしたマッサージオイル 手がべたつかずスムーズにすべるよう、マッサージオイルは、さっぱりとしたものを用意します。手作りするなら、大さじ2杯のアーモンドオイルにジャスミンかラベンダーのエッセンシャルオイルを2～3滴加えたものがよいでしょう。

温かい場所 環境も大切です。暖かくて心地よい部屋にしましょう。寒い部屋に裸足でいると、心からくつろぐことはできません。

バスタオル 1枚はひざにかけ、もう1枚はオイルで床を汚さないように足の下に敷きます。

マッサージ・テクニック

1　左足を、つま先からかかとに向かってなでます。次に、かかとからつま先へと反対方向になでます。足が温まり、リラックスするまで、繰り返しましょう。

2　右ひざに左足のかかとをのせ、右手でつま先を持ちます。足首を同じ方向に2度やさしく回し、次に反対方向に2度回します。

3　右ひざに、そのまま左足をのせておきます。右手でつま先をつかんで、足を前後に数回やさしく動かし、足首を柔らかくします。

4　手の親指をすべらせるように足の指の間に入れ、指の間をしっかり刺激します。両手の親指を使い、2回以上おこないましょう。

5　中指と人指し指で、小さな円を描くように、かかとの近辺をしっかりもみほぐします。

6　左手で左足を支え、右手親指と人差し指で、つま先をマッサージします。小指から順にねじるようにマッサージし、次に指をやさしく引っ張っていきます。3回繰り返しましょう。最後にすべての指をつかみ、やさしく引っ張ります。

7　足裏のつぼ押しは、健康維持に高い効果があります。その気持ちよさを実感するために、左足を右ひざにのせたままでおこないます。左足を右手で持ち、親指を足裏に当て、残りの指で足の甲を支えます。まず足の中指の付け根を強く押します。次に、足裏の中央からかかとまで、1センチ間隔で押していきます。かかとまで終わったら、親指を元の位置に戻して再度スタートします。3回繰り返しましょう。

8　最大限に足をリラックスさせるた

め、左足のかかとは右ひざにのせたままにし、その足は左手で支えます。右手親指付け根のふくらんだ部分を土踏まずに当て、右手の指は足の甲に当てます。しっかり手を押しつけ、2〜3秒圧迫したら、力を抜きます。効果を最大限に上げるため、4回おこないます。

9 おしまいに、1を再度繰り返して、足を替えます。

注意：人にマッサージをしてもらう場合は、力を加減してもらってください。マッサージをおこなう人のひざの上にクッションか枕を置き、その上に足を乗せておこなうとよいでしょう。

2分間のフットケア

靴を脱いで、足をこすり、足首を回します。1日中いつでもでき、即、効果のあがるリフレッシュ法です。

footcare recipes
フットケア

週に1度ほんのわずかな時間を足のお手入れに割けば、1年中サンダルの似合う足元を保つことができます。次にご紹介する方法で足をケアし、体の中で、もっとも忘れられている部分の緊張をほぐしてあげましょう。

美しい足を作る10のステップ

1　足の爪をまっすぐにカットします。形を整えると、爪の内部成長につながります。

2　「爪のようにタフなオイル」(参照→P.97)か、ドクター・ハウシュカのニームオイルをつけます。

3　洗面器に、ぬるま湯と活力の出るエッセンシャルオイルを2～3滴たらしてよく混ぜ、足をつけます。ペパーミントのオイルは冷却効果、カモミールは柔軟性を増し、ラベンダーは治癒効果があります。

4　甘皮を柔らかくするオイル(効果的なオイルを手作りするならP.97をご覧ください)をつけます。1、2分おいたら、馬蹄形のゴムスティックを使って、甘皮をやさしく押し下げます。コットンを巻いたオレンジスティックを使ってもよいでしょう。甘皮を切り取ってはいけません。甘皮のカットは、ネイルサロンに任せましょう。爪の半月が出てくるまで、甘皮を押し下げようとしてはいけません。甘皮は、この爪床(そうしょう)という部分を保護しているのです。爪床には血管が密集しており、ダメージを受けると、すぐ爪に表れてきます。

5　軽石かフットスクラブを使って、古くなった皮膚を落とします。

6　油分の多いクリームかオイルでマッサージします。このマッサージによる刺激で、足はリラックスし、しなやかさを増します(フットマッサージについては、P.102～103をご覧ください)。

7　ネイルカラーを使うなら、石けん水で足の爪をよく洗い、水分をしっかり拭き取ります。

8　ネイルサロンでペディキュアをする時に使う、足指用セパレーターをお持ちでないなら、指の間にティッシュかコットンをはさんで代用します。こうすれば、エナメルを塗った爪を傷つけにくく、きれいに仕上げられます。

9　ベースコート、エナメル、トップコートをつけます。小指から親指へと順につけ、爪の根本から先に向かって塗ります。ひと塗りしたら、乾くまで1分ほど待ってから、重ね塗りします。冬の間はエナメルを休み、爪を呼吸させてあげたいものです。

10　時間がないときは、「爪のようにタフなオイル」(参照→P.97)か、植物性のオイル(種類は問いません)を1滴落とせば、エナメルをスピーディに乾かすことができます。時間がゆっくり取れるなら、エナメルが乾くまで、足を上げて過ごす、この機会を存分に楽しみましょう!

小石を使ったフットバス

フットバスをするとき、プラスチックの洗面器の底に大理石か小石を敷いて、足をお湯につけながら石の上を前後に動かします。石を足の指でつまみ上げたり転がしたりして、脚と足指を運動させます。

フットケア　**105**

がらパックし、湯につけないよう注意しながら、10分おいたら流します。

足の疲れを取るローズマリーとミントのフット・トニック

オーガニック牛乳　200ml（1カップ）
生のローズマリー（茎も使用）　枝5本
生のミントの葉　1カップ
ペパーミント・エキス　小さじ2杯、もしくは
ペパーミント・エッセンシャルオイル　10滴

牛乳にハーブを入れ、弱火で煮ます。15分経ったら火から下ろして冷ましましょう。ハーブを濾して、ペパーミントのエキスかエッセンシャルオイルを加えます。

できあがったフット・トニックに2枚のタオルを浸し、足に巻きつけます。足を上げて、30分くつろぎましょう。リラクセーションと、回復効果を最大にするため、このあと続けて、オイルを使ったフットマッサージ（参照　→P.102〜103）をおこないましょう。

海辺のフットスクラブ

砂　1カップ
海塩　大さじ1杯
粉末のダルス（海草）　大さじ1杯
粉末のケルプ（昆布の1種）大さじ1杯
オリーブオイル　200ml（1カップ）

オリーブオイルを除くすべての材料を、ふたにストッパーがついている密閉容器に入れて混ぜ合わせます。そこにオリーブオイルを加え、しっかりかき混ぜます。

このスクラブを足の裏につけて円を描くようにこすります。皮膚の固くなった部分を特に念入りにこすりましょう。ペパーミントオイルを6滴加えると、いっそうさわやかさが増します。

かさつく脚に効く冬のパック

アボカド　1個
バナナ　1本
生クリーム　大さじ1杯
スウィートアーモンド オイルか
アボカド オイル　大さじ1杯

アボカドとバナナはつぶして他の材料と混ぜ合わせ、時間をかけて、なめらかなペースト状にします。

冬になると乾燥してかさつく膝とすねに、このペーストを塗ります。お風呂につかりな

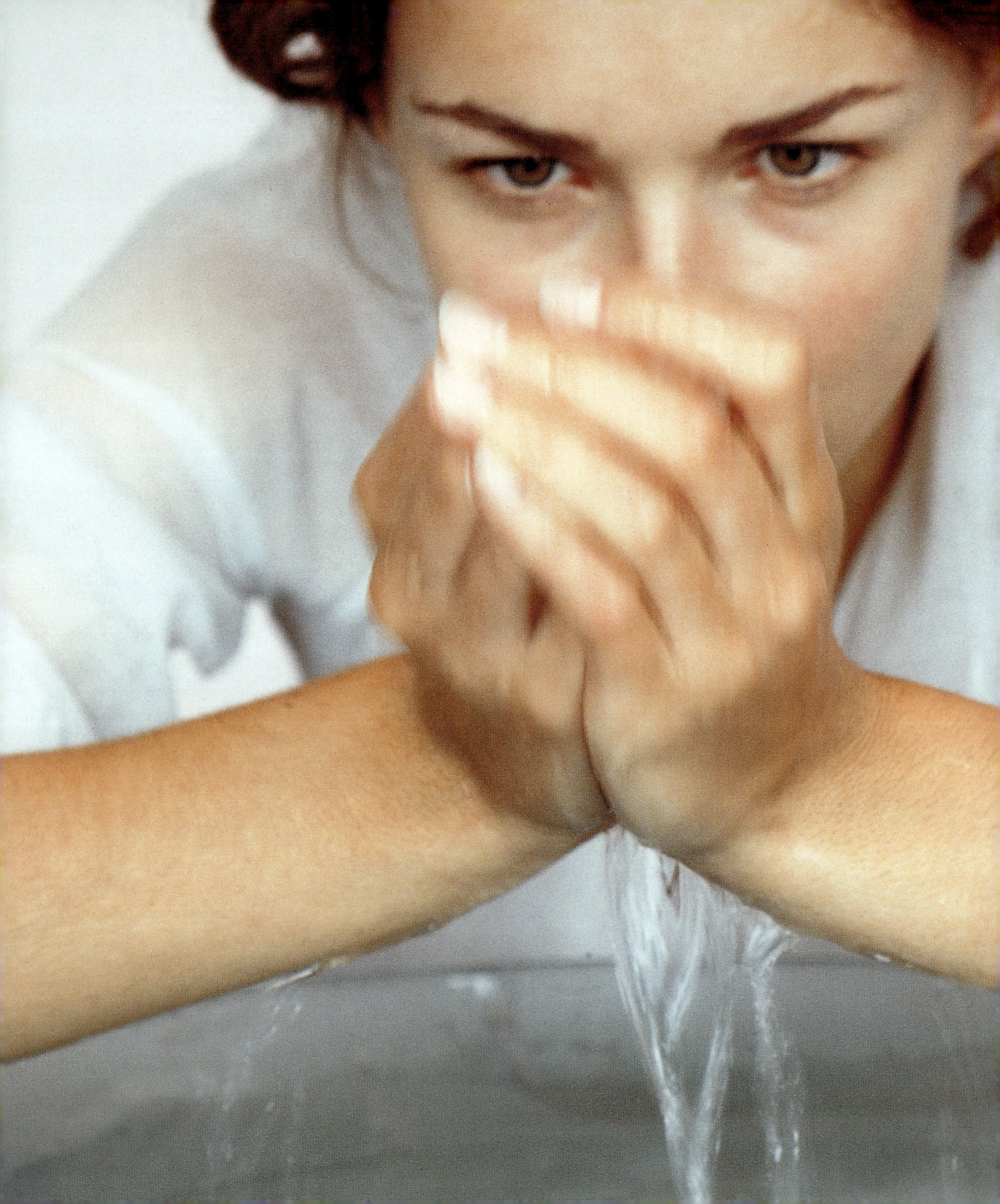

入浴とボディケアは、ストレスの多い生活によって失われたものを、いくらか取り戻せる重要な日課です。1日の終わりに、ゆったりとお風呂につかることほど心なごむ時はありません。皮膚は体の中でもっとも面積の広い器官であり、表面に塗られたものを簡単に吸収してしまうため、ボディケアとバス用

オーガニックなバスタイム

品はオーガニックなものを揃えるべきです。今日では自然回帰の流れで、植物成分のバスグッズを揃える至福の喜びも、選択できるのです。お店で買っても、手作りしても、それらは効果的で、香り高く、気分を高め、生活の楽しみを増してくれるでしょう。

オーガニック・ボディケア

ハーブの香り漂うバスタブでくつろいだり、香り高いエッセンシャルオイルを落としたお湯にゆったりつかる——入浴は、もっとも幸せな気分になれる美容法のひとつです。

私が始めて、化粧品が体に及ぼす影響について疑問を感じたのは、自分の体に、とてもよい香りのローションをつけたときのことでした。5分後、肌の上のローションは消えています。「どこに消えたんだろう？」と思いました。成分のうちのいくらかは（大半は水とアルコール）蒸発することを知っていましたが、残りの成分は、私の皮膚にしみこんだのです。いったいどのくらいの化粧品が、肝臓で濾過されることなく、私の血液に流れ込んだのか、知る由もありません。

体の皮膚は表面積が広いわけですから、毎晩少量つけるアイクリームに比べれば、はるかに大量の化学物質を体につけていることになります（ボディローションのボトル1本を使い切るスピードがその事実を物語っています）。

まずは、P.16で取り上げた「化粧品で使用を避けたい化学物質10種」をボディケアからも排除することから始めましょう。近道するなら、次に挙げるメーカーの商品を使ってください。これらは、100パーセント天然成分使用で、合成保存料を使用していないボディケア商品です。代表的なブランドには、ヴェレダ、ドクター・ハウシュカ、グリーンピープルズ・カンパニー、リヴィング・ネイチャー、バーツビーズ、ラヴェーラ、ロゴナがあります。

またボディクリームの代わりに、天然のオイル、例えばホホバ、アーモンド、グレープシードのオイルを体に塗ったり、お風呂のお湯にたらして入浴するという方法もあります。その場合は、エッセンシャルオイルを2〜3滴加えてください。こうすれば、多くのボディクリームやローションに添加されている合成保存料を使わずにすみます。オイルのみのブレンドなら細菌汚染の心配がなく、保存料は必要ありません。また、エッセンシャルオイルの中には、天然の保存料として機能してくれるものもあります。

ボディオイルの基本となる材料は、この章で紹介しています。作り方を覚えてしまえば（簡単すぎるほどですが）、お好みのアロマセラピーオイルを使って、独自のブレンドを楽しめます。

できあがったオイルは、できるだけ有効期間を延ばし、酸敗による悪臭を防ぐため、直射日光の当たらない場所に保管してください。

バスルームの幸福

多くの人にとって、バスルームは、鍵をかけて時間を止め、逃避できる場所のひとつです。しかし一方で、日常生活における「やらねばならない仕事」のひとつに過ぎなくなっている場合も多いのです。入浴の代わりにシャワーで済ませる人が多くなっています。

心理的には、お湯につかることによる、くつろぎの効果はたやすく理解できます。お湯に入ると、体の重みを感じません。ま

た、お湯に温められて毛細血管が膨張するため、血圧が下がります。さらに、"A Natural History of the Senses"(五感の自然史)の著者ダイアン・アッカーマンは、お湯につかることは、「元気を回復させたり、感覚に訴えたり、宗教的だったり、鎮静効果のある儀式」と述べています。

この儀式をよりよくするための道具とは、すべて、あなたを水中解脱へいざなう役目を果たします。入浴とは、心からの楽しみになりますし、一方で入浴を単なる水を使ったリフレッシュメントに終わらせない方法はいくらでもあります。例えばくつろぎ感を増したり、疲労回復効果を高めたり、心と身体にパワーをもたらしたり、混沌とした世の中で穏やかな気分にひたることができるように、自分自身でこの儀式を工夫すれば、たやすく大きな効果を上げることができます。

入浴ではオーガニックを徹底しやすい、という事実は朗報です。合成洗剤ベースで、肌を乾燥させやすい泡入浴剤の代わりに、フレグラントオイルを使いましょう。お風呂にオイルを落とせば、肌がしっとりすると同時に、気分もよくなります。アロマセラピー用品のメーカーが、純正の植物性オイルとエッセンシャルオイルをブレンドしたバスオイルを作っています。これらのオイルには、ルールどおり、保存料を加える必要がありません。しかし、ラベルをチェックし、鉱物油が使われていないか、きちんと確かめてください。

自然食品店には、100パーセント天然素材の石けんが、種類も豊富に取り揃えられています。これらは、硬化脂肪と油分で作られており、植物成分で香りづけされています。一部にオーガニック原料のものもあります。(石けんの手作りは、他のバス用品に比べて難しいのですが、P.122～124に掲載されているお店に問い合わせれば、作り方のガイドブックが手に入ります。)バスソルトを探しましょう。クリスタル、もしくは「死海の塩」に、アロマセラピーオイルを何種類かブレンドしたものを加えます。

P.111で紹介しているバスオイルやバスバッグ、バスソルトも試してみてください。

fragrant
bath bags and salts
バスバッグとバスソルト

ハーブとミネラル塩のリラックス効果を活用する究極の場所がバスルームです。

お気に入りの材料を使って、

バスバッグとバスソルトを手作りする方法をご紹介します。

直接お湯にハーブを入れると、後始末がたいへんです。そこでお勧めしたいのは、簡単なバスバッグを作りその中にハーブを入れてお風呂に浮かべる方法です。

バスバッグを作る

綿モスリンを20センチ角にカットします。中央にハーブを盛って布の四隅をまとめ、天然素材のひもで縛ります。もう一度ひもを結び、今度は引っかけられるようループを作ります。このバッグを蛇口にかければ、流れ出るお湯の勢いで、ハーブの成分が溶けだします。

バッグにひとつかみのオーガニック・オートミールを入れて、体をこすれば、やさしく垢を落とすことができます。

バスバッグ作りのコツがわかってくれば、生ハーブ、乾燥ハーブを問わず様々な組み合わせを試し、オリジナルなバスバッグ作りを楽しむことができます。まずは想像力を働かせるヒントとして、いくつかのブレンドをご紹介しましょう。

元気の出るバスバッグ
ローズマリー　25g
ペパーミント　12g
粒が粗めのオートミール　75g（1/2カップ）

夏向けバスバッグ
バラの花びら　25g
ラベンダーのつぼみ　25g
粒が粗めのオートミール　75g（1/2カップ）

疲労回復効果のあるバスバッグ
カモミールの花（乾燥）　大さじ2杯
バラのつぼみ（乾燥）大さじ2杯
ラベンダーの花（乾燥）　大さじ2杯
ホップの花（乾燥）　大さじ2杯　*なくても可

リラックス効果満点のバスオイル
スウィート・アーモンドオイル　50ml
サンダルウッドオイル　10滴
ジャスミンオイル　5滴
オレンジオイル　5滴

アーモンドオイルを静かに容器に注ぎ、エッセンシャルオイルを1滴ずつ加えます。よく混ざり合うまでしっかりシェイクします。できあがったオイルは、バスタブいっぱいのお湯に対し、大さじ1杯加えて、かき混ぜます。

バスオイルのバリエーション
その時々の気分に合わせて使える、基本のバスオイルを紹介します。

　頭をすっきりさせたいときは、ベースのアーモンドオイルに、下記のエッセンシャルオイルをブレンドしてみてください。作り方は、「リラックス効果満点のバスオイル」と同じです。

パチョリ　10滴
イランイラン　5滴
ローズマリー　5滴

ストレスの多い1日を過ごし、神経が張り詰めているとき

ローズ　10滴
ラベンダー　5滴
カモミール　5滴

目を覚ましたいとき

グレープフルーツ　10滴
レモン　5滴
ジュニパー　5滴

基本のバスソルト
アロマグッズの大型店が、軽んじていたバスソルトに再び力を入れています。バスソルトは、水を硬水化する微量元素の働きを無効にし、そのミネラル分によって肌に活力を与えてくれます。バスソルトはとても簡単に手作りできますし、合成香料は必要ありません。エッセンシャルオイルを組み合わせて使えばよいのです。ただし、規定の分量を超えないでください。このブレンドは気分をリフレッシュさせ、再び活力を与えてくれます。疲れの見える肌を元気づけてくれる組み合わせです。

カユプテ・エッセンシャルオイル　12滴
ラベンダー・エッセンシャルオイル　12滴
レモングラス・エッセンシャルオイル　12滴
ユーカリ・エッセンシャルオイル　8滴
塩（粗塩でも、粒の細かいものでも可）1カップ
エプソム塩　200g
グリセリン　50ml

すべてのオイルを小さめのボウルで混ぜ合わせます。別のボウルに塩とグリセリンを入れ、しっかり混ぜ合わせます。このボウルにエッセンシャルオイルのミックスを加えて混ぜ合わせ、そのまま15分おいておきます。ボウルの中身をガラスの容器（もし1週間以上先まで使う予定がないなら黒っぽい容器に入れてください。1年間はもちます）に移します。上記の分量で、4回分です。

● お湯の温度を変えれば、入浴を、単なるぜいたくというよりも、治療の時間とみなすことができます。鎮静効果を上げるには、お湯の温度を37度〜39度にするとよいでしょう。この温度の湯は、体をリラックスさせ、一時的に血圧を下げます。36度前後の湯は、中枢神経を刺激し、英気を養います（湯温計はベビー用品店に売っています。キッチン用の温度計を使ってもよいでしょう）。

body
scrubs and soaks

ボディスクラブ

運動とボディスクラブの組み合わせは、

血行を促して古い皮膚を落とす、もっとも効果的な方法です。

どちらも、なめらかな感触で、健康的に輝く肌を作ります。

つやのある健康な肌を作る、もっともスピーディな方法のひとつは、肌をブラシか天然のスクラブ剤でこすることです。私は、顔の角質を落とすことはお勧めしません（モスリンのクロスを使って、毎日やさしくお手入れするなら別です）。ですが、体の皮膚は顔よりも強く、オイルのしみ込んだ塩を使って体をこすると、その瞬間から肌が輝くことを実感しているので、ボディスクラブはお勧めします。さらに、古くて乾燥した角質細胞を取り除くことによって、ボディクリームやローションの保湿効果を高めることができます。

美しいブラッシング
ボディブラッシングを1日に2度行えば、皮膚を輝かせる抜群の効果があります。古い皮膚細胞を落とし血行を促す高い効果は、トップモデルが実証済みです。わずか2分間ブラッシングするだけで、20分間早足で歩いたあとのような刺激を体に感じるのです。ブラッシングによってリンパ系を通じて毒素が排出され、肥大化した脂肪細胞が分解されやすくなるため、セルライトの解消が促される、と考える専門家もいます。

へちまのミットか、持ち手の長い背中用ブラシ（ザ・ボディショップの製品がお勧め）を使いましょう。上向きの長いストロークで、掃くようにブラシを動かします。足から両脚へとこすり上げ、ヒップの丸みとその底の部分とお腹は、それぞれブラシを横に動かします。次に腕です。手から始めて腕を通り、肩へと進みます。どの部分をブラッシングする場合も、必ず心臓に向けてブラシを動かします。胸は避けてください。痛くなることがあります。

ベストの結果を得るため、太ももを強くこすりたくなる誘惑には、負けないでください。この部分を強くこすると、毛細血管が破れてしまいます。肌が過敏な場合は、へちまのミットを濡らして使ってください。お風呂につかるか、シャワーを浴びながらおこないましょう。水が摩擦力を弱め、肌の受けるダメージを減らしてくれます。日に2度のボディブラッシングを習慣にすれば、肌がたちまち輝き始めるでしょう。

しかし、注意していただきたいのは、ボディブラシには様々な毛の固さのものがあるということです。もし肌がデリケートなら、毛の柔らかいブラシを選んでください。強すぎるブラシは肌を傷つけ、毛細血管にダメージを与えるだけです。ブラシを手の甲でなでて、毛がしっかりしており、同時に肌が痛くないものを選びましょう。

いちご・アーモンド・卵のボディスクラブ

いちごは皮膚の汚れを落として調子を整え、アーモンドは古い皮膚を落とし、刺激を与えます。この材料の組み合わせは、ボディ専用とし、顔には使わないでください。ナッツをベースにしたスクラブは、ボディよりも弱い顔の皮膚を傷つけることがあります。卵はこのスクラブをクリーミーにし、肌触りを心地よくします。

皮つきのまま角切りにしたきゅうり
　　　　　　　　　　　　50g（1/2カップ）
へたを取ったいちご　5粒
ヨーグルト　大さじ2杯強
＊脂性肌なら、低脂肪ヨーグルトを使い、乾燥肌なら、ヨーグルトの代わりに生クリームを使ってください。
重曹　大さじ1杯
卵　1個
細かく砕いたアーモンド　80g（3/4カップ）

きゅうりといちごをミキサーにかけ、なめらかなピューレ状にします。その中にヨーグルトと重曹、卵を加え、中低速で20秒混ぜます。さらにアーモンドを加え、低速で2分混ぜます。濡れた肌に、やさしく円を描くようにつけます――絶対に強くこすらないでください。充分に洗い流し、化粧水かオイルをつけます。

ソルト・スクラブ

粗塩　300g（2カップ）
グレープシードオイル、アーモンドオイル、オリーブオイルのいずれか1種類
　　　　　　　　　　　　200ml（1カップ）
エッセンシャルオイル（皮膚をしっとり穏やかにするなら、ジャスミンかカモミールを使う）　12～16滴

ふたにストッパーが付いた、保存用の密閉容器に塩を入れます。ベースオイルを入れた別の器にエッセンシャルオイルを1滴ずつ加え、かき混ぜます。塩を入れた容器にミックスしたオイルを注ぎ、ふたを閉めて、しっかり振り混ぜます。

ボディオイルとパウダー

body oils & powders

ボディケア用品の手作りには、素晴らしい満足感があります。

肌に栄養を与えるボディオイルや、お風呂あがりの肌にはたく、

シルキーなパウダーを手作りしてみましょう。

パウダーは、つけ心地がよく、水泳や入浴後の皮膚を早く乾かし、気温の高い季節は、洋服や靴の汗じみを防ぎます。しかし大半のボディパウダーは滑石（タルク）を原料としています。滑石はアスベストと関連があり、潜在的な発ガン性が否定できません。滑石のパウダーを使う際注意すべき体の部分のひとつに、性器の周辺が挙げられます。なぜなら、卵巣ガンを発症する確率が高まるとの指摘があるからです。ある婦人科医は、次のように説明してくれました。「膣は、掃除機のような働きをするので、もしタルクが性器の周辺につけられたら、たちまち体内に吸収されてしまいます」。ですから、ボディパウダーは、コーンスターチか、アロールート（葛うこん）から作る矢根粉（しこんふん）を使ったものに切り替えましょう。例えば、ラッシュとザ・ボディショップはどちらも、このような植物性のパウダーを作っています。次に、手作りしたい方のために、超簡単レシピをいくつかご紹介しましょう。

ボディローション、ボディオイル、パウダー（右ページ参照）の基本的な作り方をマスターしてしまえば、その時々の気分に合わせて、エッセンシャルオイルやベースオイルを変えて作ることができます。

若返りのボディオイル

粉をふいたようにかさついた肌ですら、しっとりと落ち着かせ、肌の張りをもたらすボディオイルです。レジャー後の肌のお手入れにぴったりです。

- グリセリン　100ml (1/2カップ)
- 小麦麦芽オイル　小さじ1杯
- スウィートアーモンドオイル　小さじ1.5杯
- ホホバオイルとひまわりオイル　各小さじ2杯
- 精製水　大さじ3杯
- レモン果汁　10滴
- ローズオイル　6滴
- ネロリオイル　6滴
- カモミールオイル　3滴

陶器のボウルに材料を入れ、すべての材料がすっかりなじむまで、しっかり混ぜ合わせます。スプレーヘッドがついた密閉容器に移して冷暗所（冷蔵庫でもよい）で保管し、使う前に必ず振り混ぜてください。このオイルを手につけ、強く長いストロークでマッサージしてください。

冬用ボディオイル

皮膚がひどく乾燥したときに、このぜいたくなオイルを試してみてください。通常は入浴後につけますが、荒れた部分には、まめにつけて構いません。

- アボカドオイル　50ml (1/4カップ)
- スウィートアーモンド、アプリコットカーネル、オリーブの各オイル　大さじ2杯
- お好みのエッセンシャルオイル　25滴

＊香りづけに使用

ふたつき容器に材料を入れ、よく混ざり合うまでしっかりシェイクします。お好みで詰め替え、直射日光を避けて保管します。

ラベンダーのボディパウダー

- カオリン（白粘土）　50g (1/3カップ)
- 矢根粉（しこんふん）　50g (1/3カップ)
- コーンスターチ　50g (1/3カップ)
- ラベンダー・エッセンシャルオイル　5滴
- クレリーセージ（オニサルビア）・エッセンシャルオイル　5滴
- マンダリン・エッセンシャルオイル　5滴

粉類をミキサーで混ぜてからオイルを加え、再度ミキサーで混ぜます。できあがったパウダーは、体に振りかけやすくするため、塩用の卓上容器に入れると便利です。もしくはケースに入れ、パフではたきつけます。

エキゾチックなボディパウダー

作り方は「ラベンダーのボディパウダー」と同じですが、エッセンシャルオイルを次のような配合にします。

- サンダルウッドオイル　5滴
- パチョリオイル　5滴
- 乳香（フランキンセンス）オイル　2滴
- ベチベルオイル　2滴

ゼラニウムのボディパウダー

- コーンスターチ　150g
- ゼラニウムの芳香葉　10枚

＊水洗いし、布で水気を拭き取っておく

- ゼラニウムのエッセンシャルオイル　1〜2滴

コーンスターチを密閉容器に入れ、そこにゼラニウムの葉とエッセンシャルオイルを加えます。ふたを閉めて、振り混ぜましょう。容器を毎日1回振り混ぜて、3〜4日おいたら、葉を取り除きます。できあがったパウダーは清潔で乾燥した容器に詰め替えてください。

ホーム・スパ

at-home spa

大枚をはたいてスパ・リゾートに逃げ込む必要はありません。

ほんのわずかな準備で、自宅にいながらにして、

現実を忘れ、スパの喜びを経験することができます。

大半の人はリゾートに保養に出かけることを夢見ています。しかし、夢見る人は多くても、現実は思うようにいきません。ですが、事前に少々準備をし、1時間、半日、いえ1日中、現実を忘れて、いつもよりもくつろぎ、楽しめる機会を作ることなら時折実現できそうです。

そのための時間を自分勝手なものと考えないでください。自分自身をケアし、充電するための時間であり、このような時間を取ることで、多忙な日々においても、すべての人や物に、より手をかけることができると考えましょう。

自分のために時間を取るということは、外見を磨くだけでなく、あらゆる面での充実感を高めることができます。「マッサージや入浴のような簡単かつ感覚的な行動は、自尊心を高め、不安を取り除く」と、心理学者のケアリー・クーパー博士は述べています。

当てられる時間に合わせて、この本で取り上げているケア法をいくつか組み合わせてください。次に、モデルとして半日コース用のスケジュールをご紹介します。午前中のスタートになっていますが、夕方からでも気軽に始められます。

- 9:00a.m. 野菜ジュースの朝食
- 9:15 ボディブラッシング
- 9:30 ヘッドマッサージ
- 9:45 フェイスパック
- 10:00 入浴でリラックス、もしくはシャワーでリフレッシュ
- 10:15 ヨガかストレッチ
- 10:45 フットマッサージとペディキュア
- 11:30 オーガニック・ネイルケア
- 正午 オーガニック・ランチ　食後にハーブティー

準備

ホーム・スパを最高に楽しむために、必要なものは前もって準備しておきましょう。足りないものを途中で買いに走るようでは、エステの楽しみとくつろぎに大きな影響を与えます。

- ホーム・スパ実行中に飲む、浄水器を通した水かミネラルウォーター。
- ふんわりとしたタオル（多めに）、もしあれば、タオル地のバスローブ。
- アロマキャンドルか、エッセンシャルオイル用のアロマポット。

- 軽石や足用のやすり。
- ボディブラシ、へちまのミット、ボディタオルなど。
- ジュースや軽食用に、有機無農薬栽培の野菜と果物。
- エッセンシャルオイル。
- キッチンや冷蔵庫にストックがない、ケア用の材料すべて。
- マニキュアかペディキュアをするなら、馬蹄形の甘皮スティック、オレンジスティック、エナメルリムーバー、ベースコート、トップコート、ネイルエナメル、もしあれば、足指用ディバイダー。
- 音楽を聴きながらケアをしたいなら、リラックスを促すお好みのカセットやCD。CDやカセットプレーヤー用の電池もお忘れなく。バスルームで音楽を聴くなら、電源コンセントにつなぐのは非常に危険です。

タオルもオーガニック製品を

P.29で解説したとおり、綿は世界でもっとも農薬噴霧量の多い作物です。しかし現在では、オーガニックコットンのタオルが手に入ります。とはいえ、まだ、どのお店でも買えるというわけではありません。次にタオルを買い替えるときは、オーガニックのもので揃えてはいかがでしょうか——自分自身のために、また地球環境のために。少なくとも、タオルは無漂白のものにしてください。オーガニックのタオルは、ごく普通のタオルに比べて肌触りがソフトで、吸水性にすぐれています。色も、通常のバスタオルに使われている鮮やかなレインボーカラーではなく、気分がホッとするナチュラルなクリーム色やオフホワイトです。

ナチュラル・デオドラント剤

体の匂いを消すために、私たちが手を伸ばすデオドラント剤には、
毛穴を詰まらせる成分が多く含まれており、それは私たちの自然な体の働きを阻みます。
でも、天然のデオドラントなら、あなたの体を甘い香りにしてくれるでしょう。

衛生的な社会は、汗の匂いを受け付けなくなりました。とても皮肉なことに、汗に含まれるフェロモン（ムスクのような香りの性ホルモン）を私たちは排除しようとしていることになります。

体には、2種類の汗腺があります。エクリン腺とアポクリン腺です。エクリン腺は体温を調整し、ここから出る汗は無臭です。体臭は、腋の下、乳首の周囲、性器周辺にある、アポクリン腺から出ます。水と塩が主成分である汗は、皮膚の細菌に接触するまで何の問題もありません。しかし、汗に雑菌が繁殖し、汗を分解することで匂いが生まれます。

薬局に行けば、多種多様なデオドラント剤が揃っていますが、それらの多くは、無数の化学物質から作られています。プロピレングリコールを例にとると、車のブレーキ液や不凍液に使用されているもので、皮膚炎、腎臓病、肝障害に結びつくという研究結果があります。トリクロサンは、広範囲のスペクトルをもつ抗菌剤ですが、アレルギー性皮膚炎を引き起こす例が報告されており、長期間の使用で肝障害を起こすことが動物実験で明らかになっています。加えて、ハンドウォッシュ剤での使用や、キッチン用品への添加など、幅広くトリクロサンを使うことによって、耐性のある「スーパー細菌」を生み出すことが危惧されています。

制汗剤は、体臭防止をワンステップ先に進め、毛穴をブロックし、汗そのものを止めてしまいます。毛穴のブロックに使うのがアルミニウム化合物で、具体的には、アルミニウム・ジルコニウムか塩基性塩化アルミニウムです。これらの物質は毛穴に長時間とどまることによって効果を発揮するため、簡単に血液に吸収されてしまいます。『臨床疫学』誌に発表された研究報告に、「統計では、アルミニウム含有制汗剤を生涯使用し続けた人々とアルツハイマー病の発症リスクとの間に、暗示的な傾向が表れた」とあります。しかし現段階では、アルツハイマーとの関連性を指摘しているのは、この研究だけです。何世紀も前からアジアで使われてきた「石のデオドラント」は、やはりアルミニウム塩をベースにしています。市販

の制汗剤と異なる点は、このデオドラントの場合、透明のクリスタルを濡らして肌にこすりつけるという方法なので、匂いはストップさせますが、汗を止めることはありません。しかし、これらの石が100パーセント安全か否かについて、いまだにホリスティック・ヘルスの世界で論議が続いています。

　自然療法医もまた、制汗剤の危険性を警告しています。腋の下の汗を抑えることは、毒素の蓄積につながり、制汗剤を頻繁に使用すると乳ガンの発症率が高くなると述べています。一般的な西洋医学の研究では、このような指摘を軽んじており、研究結果が重要視されるまでにあと数年はかかりそうです。しかし、汗とは体内の毒や不要物を排出するための自然な体の手段であることは、よく心にとめておくべきでしょう。

　では、甘い香りを自然に残すためにはどうすればよいでしょうか？　自然食品店には、天然のデオドラント剤が数多く揃っています。それらの多くは、先ほど例にあげた成分を使っていません。あるものはアルコールベースであり、ナチュラルヘルスの権威アンドリュー・ウェイル博士によれば、アルコールを腋につけるだけで、抗菌剤としての作用が働くとのことです。次のブランドの商品をチェックしてみてください。トムズ・オブ・メーン、ヴェレダ、デザートエッセンス、ドクター・ハウシュカ、オーブリー・オーガニクス、ニールズヤード、ロゴナ、ザ・ボディショップ。ほかにも多数あります。オリジンズも、アルミニウム不使用の「攻撃型でない」デオドラント剤を作っています。あなたも手作りしてみませんか。重曹（驚くほどの消臭効果があります）、矢根粉（しこんふん）、コーンスターチのいずれかを、はたくだけです。

手作りデオドラント
ウォッカ　50ml（1/4カップ）
ハマメリス・エキス　大さじ2杯
ラベンダーオイル　10滴
ジュニパーオイル　1滴
レモンオイル　1滴

滅菌した、スプレーヘッド付きのボトルにすべての材料を入れます。毎回必ず、振り混ぜてから使うようにします。ユニセックスなブレンドなので、性別を問わず使えます。＊大半のデオドラント剤と同様、シェービング後につけるとしみますので注意してください。

エアゾールの問題点
エアゾールタイプのデオドラント剤は、手軽で使いやすいのですが、スプレーをひと吹きするたびに、缶の中の飛沫を吸い込んでいることになります。同時にプロパンやブタンといった、圧縮不活性ガスも吸い込んでいるのです。基本的に、これらはいずれもリサイクルできません。ですから、できるだけガラスボトルに入ったポンプ式スプレーを使いましょう。

脱毛クリーム
クリームをさっとひと塗りするだけで、むだ毛を溶かしてくれる——それは化学物質を詰め込んでいるからなのです。こんなものを体につけたいですか？　シェービングは、素早くて、面倒のないむだ毛処理法です。しかし、もし、脱毛した状態を長持ちさせる技術を求めるなら、中東で一般的に使われている「シュガーリング」という技術を試してみてください。パーフェクトに仕上げるには技が必要で、ねばつくのも気になりますが、むだ毛のないつるりとした肌に仕上がり、最長8週間もの間、その状態を保つことができます。

　手始めに、次のレシピを試してみてください。これは、水と砂糖を1対1の割合にしています。

水　大さじ1杯
オーガニック・グラニュー糖　大さじ1杯

金属性の鍋に材料を入れ、弱火にかけて混ぜ合わせます。砂糖が溶けて、はちみつのようになったら、少し冷まして飴状にします。人肌まで冷めたら、木製のスプーンかへらで肌につけます。その部分を木綿の布でカバーし、しっかり肌に押しつけます。すっかり貼り付いたら、布をはがします。毛が生えている向きの逆方向から引っ張るのがコツです。

　この分量では、ごくわずかな部分しか脱毛できません（あくまでも練習です！）。上手にできるようになったら、分量を増やしてください。ただし、水と砂糖が1対1という割合は守ってください。水の代わりにレモンの果汁を使ってもよいでしょう。

　もし脱毛後に痛みがあれば、コットンにティーツリーオイルを含ませて付けてください。

オーガニックな香水

organic fragrances

女性は香水が好きです。しかし香水メーカーには、商品の詳細な成分表示が義務づけられていません。オーガニックを志向するなら、市販の香水に代わる天然の香りを身につけることを考えたほうがよいでしょう。

香水は、クレオパトラよりはるか昔の時代から、人を引きつけ、誘惑し、個性を表現する道具として使われてきました。しかし現代の香水は、古代の調香師の技術とは、かけ離れた世界です。

天然か合成か？

現代の香水は、その大半が何百もの成分を組み合わせて作られています。天然成分も含まれてはいますが、大半は化学合成物質です。塩化メチレンなど、いくつかの化学物質には発ガン性があります。化学物質は、製造コストが安いために使われるのです。香水メーカーは、次のように主張しています。天然成分の場合、原料を生育した土壌や、天候、加工までの時間次第で若干の違いが出てくるが、化学成分なら、このようなばらつきがないため、と。

香水には、200種類もの化学成分が含まれていますが、競争の激しい業界なので、香水の成分を明らかにすることができません。成分表示とは、数百万ポンドを売り上げる企業秘密を明かすことになるからです。しかし複数の消費者団体が、香水の成分表示を求めて運動を起こしています。表示がなされれば、化学物質過敏症の人々が商品を選ぶ目安になります。

香水も手作りで

香水は私たちにとって個性の一部になっているため、やめることなど想像がつかないように思います。自信をつけるための1滴、ロマンチックな気分にひたるためのひと塗り、クールダウンのための、ひと吹き。何を優先させるか、そして新たに香水を買い求める代わりに、手作りを楽しんでみる気があるかどうかは、あなた次第です。

中には、100パーセント天然成分の香水を販売している自然食品店があります。このようなナチュラルな香水を製造しているメーカーには、ドクター・ハウシュカやオーストラリアのNatio（参照→P.122～124の問い合わせ先）いうブランドなどがあります。

カルメル・ウォーター

このユニセックスな香りのコロンは、1611年にパリのカルメル会修道女によって、初めて作られました。

アンゼリカの葉　手に山盛り1杯
レモンバームの葉　手に山盛り1杯
軽くつぶしたコリアンダーの種　大さじ1杯
挽いたナツメグ　1個
クローブ　大さじ2杯
つぶしたシナモンスティック　3本分
ウォッカ(アルコール度数45度以上のもの)　250ml (1と1/3カップ)
精製水　60ml (1/3カップ)

すべてのスパイスとハーブをガラスの広口瓶に入れて、ウォッカを注ぎます。ふたを閉めて、強く振り混ぜます。温かい場所に置いて、1日に最低1回振り混ぜます。1週間から10日おいたら布で漉し、さらにコーヒーフィルターを使ってボトルにドリップさせます。好みの香りの強さまで、精製水で薄めましょう。美しいボトルを選び、光を避けて保管します。

サマー・スプラッシュ

温室で遊んだことがありますか？　植物の葉を指でこすって、苔むした香りをかいでみたことが……。これは、ゼラニウムの葉とトマトの風味を組み合わせた、夏の香りです。

刻んだトマトの葉　大さじ4杯
刻んだゼラニウムの芳香葉　大さじ2杯
ミントの葉(生)　小さじ1杯
すりおろしたレモンの皮　大さじ1杯
ウォッカもしくはハマメリス・エキス
　　　　　　　　　　　　200ml (1カップ)
グリセリン　小さじ1/4杯

葉とすりおろしたレモンの皮を清潔なボトルに入れ、そこにアルコールかハマメリス・エキスを注ぎ、グリセリンを混ぜます。ふたをし、冷暗所で2週間以上寝かせたら、漉して、葉や皮を取り除きます。滅菌したスプレーボトル(しっかりふたの閉められるもの)に移し替えます。スプレーして使いますが、冷蔵庫に入れておけば、いっそうさわやかさが増します。

固形の香水

こぼれる心配がなく携帯に非常に便利な固形タイプです。リップバームと同じ方法で作ったこのミックスを、ピルケースや小さくてきれいな缶に詰めれば、ハンドバッグに入れて持ち歩くことができます。

蜜ロウ　大さじ1/2杯
アーモンドオイル　大さじ4杯
エッセンシャルオイル　8滴

次に挙げるエッセンシャルオイルは香り高く、香水作りに使えます。組み合わせを色々と試し、オリジナルなブレンドを生み出してください。

タンジェリン　　　グレープフルーツ
サンダルウッド (白檀)
スウィートオレンジ　パチョリ
ゼラニウム　　　　バニラ
レモン　　　　　　イランイラン

小型の鍋に蜜ロウとアーモンドオイルを入れて弱火にかけ、蜜ロウを溶かします。溶けたら火から下ろして、エッセンシャルオイルを入れた器に移し、かき混ぜます。ミックスを清潔な容器に入れましょう。冷めたら、指で軟らかくして、脈打つ部分につけましょう。

注意：高濃度のエッセンシャルオイルは肌に直接つけず、必ずベースオイルで薄めます。ラベンダー、ティーツリー、ペパーミントに限り、そのまま使うことができます。

香りによるメディテーション

各エッセンシャルオイルの効能は、実証済みです。柑橘系のオイルは活力を与え、ラベンダーは心の安定を、マジョラムはくつろぎをもたらします。とはいえ、北カリフォルニアのデューク大学病院に勤務する行動心理学者スーザン・シフマンによると、いかなる香水でも気分転換に使えるそうです。

　背もたれのある椅子と好みの香りを用意しましょう。椅子に腰掛け、体の力を抜き、深呼吸を3回します。リラックスした気分を吸い込み、緊張感を吐きだす様子をイメージしてください。次に、つま先を伸ばして緊張させ、しばらくその状態を保ったら、力を抜きます。脚、お腹も同様に行います。手を握りしめて腕を曲げ、力こぶを作ったら、力を抜きます。肩をすくめます。目を強く閉じ、額にしわを寄せて顔をくしゃくしゃにし、深呼吸を1回したら、力を抜きます。次に香りを鼻に近付け、深く吸い込みます――その平和な気分を保とうとしてください。次に同じ香りをかいだときに、今の気分が戻ってくるのだと自分に語りかけてください。

　シフマンの被験者は、このエクササイズを1日に1～2回繰り返しました。リラクセーションが引き金反応になるまで、早い人だと1セッション、遅い人だと10セッション必要でした。

問い合わせ先 directory

Academy of Natural Living
アカデミー・オブ・ナチュラルリビング
132 Collins Avenue
Edge Hill , Cairns Qld 4870 , Australia
Tel: 0061 7 4053 7786
academy.natural.living@iig.com.au

Aesop
イソップ
71-79 Bouverie Street
Carlton , Melbourne 3053. , Australia
Enquiries: 0061 3 9347 3422
Fax: 0061 3 9347 3466
Website: www.aesop.net.au

Allergy , Sensitivity and Environmental Health Association
アレルギー，環境衛生協会
PO Box 96
Margate Qld 4019 , Australia
Tel: 0061 7 3284 8742   Fax: 0061 7 3284 8742
Website: www.asehaqld.org.au

Annemarie Börlind
アンネマリーボーリンド
c/o Simply Nature , Unit 7, Old Factory Buildings
Battenhurst Road , Stonegate ,
East Sussex TN5 7DU , UK
Mail order/enquiries: 01580 201687
Fax: 01580 201697

Aromantic
アロマンティック
4 Heathneuk , Findhorn , IV36 3YY , UK
Mail order/enquiries: 01309 692000
Fax: 01309 691100
(Organise courses in making your own beauty products)

Aromatherapy Associates
アロマセラピー協会
68 Maltings Place
Bagleys Lane , London SW6 2BY , UK
Mail order/enquiries: 020 7371 9878
Fax: 020 7371 9894
Website: www.aromatherapyassociates.com

Aubrey Organics (US)
オーブリー・オーガニクス (米国)
4419 North Manhattan Avenue
Tampa, FL 33614 , USA
Mail order/enquiries: 001 800 282 7394
Fax: 001 813 876 8166
Website: www.aubrey-organics.com

Australasian College of Natural Therapies
オーストラシアン自然療法学校
57 Fouveaux Street
Surry Hills NSW 2010 , Australia
Tel: 0061 2 9218 8850   Fax: 0061 2 9281 4411
info@acnt.edu.au

Australian Homeopathic Association
オーストラリア・ホメオパシー協会
PO Box 396
Drummoyne NSW 2047 , Australia
Tel: 0061 2 97192793   Tas: 0061 3 6267 9877
WA: 0061 8 929 4258   SA: 0061 8 8388 9145
Qld: 0061 7 3371 7245   Vic: 0061 3 5979 3203
Fax: 0061 2 9719 2763
Website: www.aushom.asn.au

Australian Institute of Holistic Medicine
オーストラリア　ホリスティック医療学校
PO Box 3079 , Jandakot WA 6164 , Australia
Tel: 0061 8 9417 3553   Fax: 0061 8 9417 1881
info@aihm.wa.edu.au
Website: www.aihm.wa.edu.au

Aveda
アヴェーダ
AVD Cosmetics
7 Munton Road, London SE17 1PR , UK
Mail order/enquiries: 020 7410 1600
Fax: 020 7410 1899
Website: www.aveda.com

Bare Escentuals (US)
ベア・エセンチュアルズ (米国)
425 Bush Street
3rd Floor , San Francisco, CA 94108 , USA
Mail order/enquiries: 001 800 227 3990
Fax: 001 415 288 3501
Website: www.bareescentuals.com

Beauty and the Bees
ビューティ・アンド・ザ・ビーズ
60 Cambridge Road , Bellerive Tas 7018 , Australia
bebeauty@netspace.net.au
Website: www.beebeauty.com

Bioforce (UK) Limited
バイオフォース・リミテッド (英国)
2 Brewster Place
Irvine , Ayrshire KA11 5DD , Australia
Mail order/enquiries: 0061 1294 277 344
Fax: 0061 1 294 277 922
Website: www.bioforce.co.uk

British Union of Anti-Vivisection (BUAV)
動物実験に反対する英国連合
16a Crane Grove , London N7 8NN , UK
Enquiries: 020 7700 4888   Fax: 020 7700 0252
Website: www.buav.org

Burt's Bees
バーツビーズ
PO Box 13489 , Durham NC 27709 , USA
Mail order/enquiries: (UK) 020 7394 8800
Fax: 001 800 429 7487
Website: www.burtsbees.com

Cariad
キャリアッド
Rivernook Farm , Sunnyside
Walton on Thames , Surrey KT12 2ET , UK
Mail order/enquiries: 01932 269 921
Fax: 01932 253 220
Website: www.cariad.co.uk

Caudalie
コーダリー
9 Villa Aublet , 75017 Paris , France
Mail order/enquiries: (UK) 0870 241 2163
Fax: 00331 44 29 24 25
Website: www.caudalie.com

Clarins
クラランス
Clarins UK Limited
10 Cavendish Place , London W1G 9DN , UK
Mail order/enquiries: 020 7307 6700
Fax: 020 7307 6701
Website: www.clarins.co.uk

Colourings
カラーリングス
The Body Shop , Watersmead , Littlehampton
West Sussex BN17 6LS , UK
Enquiries: 01903 731500　Fax: 01903 844383
Website: www.the-body-shop.com

Comfort & Joy
コンフォート＆ジョイ
Baytree Cottage , Eastleach , Nr Cirencester
Gloucestershire GL7 3NL , UK
Mail order/enquiries & Fax: 01367 850278

Daniel Field
ダニエル・フィールド
8-12 Broadwick Street , London W1V 1FH , UK
Mail order/enquiries: 020 7437 1490 or 020 7439 8223 (salon)
Fax: 020 7287 4954

Decléor
デクレオール
59a Connaught Street , London W2 2BB , UK
Mail order/enquiries: 020 7402 9474
Fax: 020 7262 1886
Website: www.decleor.co.uk

Desert Essence
デザートエッセンス
Crest House
102-104 Church Road , Teddington
Middlesex TW11 8PY , UK
Mail order/enquiries: 0800 146 215
Fax: 020 8614 1422
Website: www.country-life.com

Dr. Hauschka
ドクター・ハウシュカ
Unit 19/20 Stockwood Business Park
Stockwood , Nr. Redditch
Worcestershire B96 6SX , UK
Mail order/enquiries: 01527 832803
Fax: 01386 792623
Website: www.drhauschka.co.uk
2001年12月現在日本未発売

Ecover
エコヴァー
c/o Beasley & Christopher
21 Castle Street , Brighton BN1 2HD , UK
Mail order/enquiries: 01273 206997
Fax: 01273 206973
Website: www.ecover.com

Elemis
エレミス
The Lodge
92 Uxbridge Road , Harrow Weald
Middlesex HA3 6BZ , UK
Mail order/enquiries: 020 8954 8033
Fax: 020 8909 5030
Website: www.elemis.com

E'SPA
エスパ
21 East Street , Farnham , Surrey GU9 7SD , UK
Mail order/enquiries: 01252 741600
Fax: 01252 742810

Eve Lom
イヴ・ロム
2 Spanish Place , London W1U 3HU , UK
Mail order/enquiries: 020 8661 7991
Fax: 020 8661 7991

Everest Hill Aromas
エヴェレストヒル・アロマズ
E'SPA House
Hill House
Kingston Hill , Surrey KT2 7LB , UK
Mail order/enquiries: 020 8546 7665
Email: EHA@hillheights.demon.co.uk

Farmacia
ファーマシア
169 Drury Lane , Covent Garden
London WC2B 5QA , UK
Mail order/enquiries: 020 7404 8808
Website: www.farmacia123.com

Gowings
ゴウイングス
Level 8 , 45 Market Street
Sydney NSW 2000 , Australia
Tel: 0061 1800 803 304　Fax: 0061 2 9261 3020
worldstore@gowings com.au
Website: www.gowings.com.au

The Green People Company
ザ・グリーンピープル・カンパニー
Brighton Road , Handcross
West Sussex RH17 6BZ , UK
Mail order/enquiries: 01444 401444
Fax: 01444 401011
Website: www.greenpeople.co.uk

The Health Emporium
ザ・ヘルス・エンポリアム
263 Bondi Road , Bondi NSW 2026 , Australia
Tel: 0061 2 9365 6008　Fax: 0061 2 9300 9330

Herb Research Foundation
ハーブ・リサーチ・ファウンデーション
1007 Pearl Street , Suite 200
Boulder, CO 80302 , USA
Mail order/enquiries: 001 303 449 2265
Fax: 001 303 449 7849
Website: www.herbs.org

Jane Iredale
ジェーン・アイルデール
Iredale Mineral Cosmetics
121 Cambridge Road , Wimpole , Near Royston ,
Hertfordshire SG8 5QB , UK
Mail order/enquiries: 0800 328 2467
Fax: 01223 208507
Website: www.janeiredale.com

Jurlique
ジュリーク
Naturopathic Health & Beauty Co
Willowtree Marina , West Quay Drive , Yeading
Middlesex UB4 9TB , UK
Mail order/enquiries: 020 8841 6644
Fax: 020 8841 7557
Website: www.jurlique.com.au
(product prices for Australia only)

Just Pure
ジャスト・ピュア
PO Box 1113 , Lechbruck Am See , Germany
Mail order/enquiries: 0049 836 7789
Fax: 0049 836 7808
Website: www.justpure.com

Lavera
ラヴェーラ
Laverana GmbH , Am Weingarten 4
D - 30974 Wennigsen , Germany
Tel: 0049 5103 93910　Telefax: 0049 5103 939139
Mail order/enquiries:
(c/o Farmacia, UK) 020 7404 8808

Living Nature
リビング・ネイチャー
The Old Milkhouse , Manor Farm ,
Rockbourne , Hampshire SP6 3NP , UK
Mail order/enquiries: 01725 518072
Fax: 01725 518073
Website: www.livingnature.com
Email: livnature@aol.com

Liz Earle
リズ・アール
PO Box 50 , Ryde , Isle of Wight PO33 2YD , UK
Mail order/enquiries: 01983 813913
Fax: 01983 812333
Website: www.lizearle.com

Logona
ロゴナ
Unit 3B, Beck,s Green Business Park
Beck,s Green Lane , Ilketshall St. Andrew
Beccles , Suffolk NR34 8NB , UK
Mail order/enquiries: 01986 781782
Fax: 01449 780 297　Website: www.logona.co.uk

Lush
ラッシュ
29 High Street , Poole , Dorset BH15 1AB , UK
Mail order/enquiries: 01202 668545
Fax: 01202 661832
Website: www.lush.co.uk

Moor Mud
ムーア・マッド
Austrian Moor Products
Moor House , 7 Swift Close , Uckfield
East Sussex TN22 5PY , UK
Enquiries: 01825 765678

Nad's
ナッズ
31 Maryon Mews , London NW3 2PU , UK
Mail order/enquiries: 0870 789 8010
Fax: 020 7813 7130

Natural Care College and Clinic
ナチュラルケア・カレッジ・アンド・クリニック
79 Lithgow Street,St Leonards NSW 2065,Australia
Tel: 0061 2 9438 3333   Fax: 0061 2 9436 0503

Natura Health 2000
ナチュラ・ヘルス 2000
Guthrey Centre , Cashel Street , City Mall ,
Christchurch , New Zealand
Tel: 0064 3 379 0451   Fax: 0064 3 329 9400

Natio
ネイティオ
6 Paterson Street , Abbotsford
Melbourne Victoria 3067 , Australia
Mail order/enquiries: 0061 3 9415 9911
Fax: 0061 3 9415 9922
Website: www.natio.com.au

Neal's Yard Remedies
ニールズヤード レメディーズ
26-34 Ingate Place , Battersea
London SW8 3NS , UK
Enquiries: 020 7627 1949
Mail order: 0161 831 7875   Fax: 020 7498 2505
Website: www.nealsyardremedies.com

Neem Organics
ニーム・オーガニックス
PO Box 307 , Berry NSW 2535 , Australia
Tel: 0061 2 4464 2674   Fax: 0061 2 4464 2648
Email: sales@neem.com.au
Website: www.neem.com.au

Neways International UK Limited
ニューウェイズ・インターナショナル・UKリミテッド
Harvard Way , Kimbolton , Huntingdon
Cambridgeshire PE28 0NN , UK
Distributor enquiries: 01480 861764
Fax: 01480 861771
Website: www.neways.com

NHR Organic Oils
NHR オーガニック・オイル
10 Bamborough Gardens
London W12 8QN , UK
Mail order/enquiries: 0800 074 7744
Fax: 0845 310 8068
Website: www.nhr.kz

Origins
オリジンズ
73 Grosvenor Street , London W1X 0BH , UK
Mail order/enquiries: 0800 731 4039
Fax: 020 7409 6827
Website: www.origins.com

Patagonia
パタゴニア
397 Kent Street , Sydney NSW 2000 , Australia
Tel: 0061 2 9264 2500   Fax: 0061 2 9264 2505
Email: sydney@patagonia.com.au

Phytothérathie/Phytologie
フィトセラシー／フィトロジー
6 Bankside Buildings , 9 Risborough Street
London SE1 0HF , UK
Mail order/enquiries: 020 7620 1771
Fax: 020 7620 1593

REN
REN
40 Liverpool Street , London EC2M 7QN , UK
Mail order/enquiries: 020 7618 5353
Website: www.ren.ltd.uk

Shu Uemura
シュウ・ウエムラ
Unit 19 , 49 Atalanta Street
London SW6 6TU , UK
Mail order/enquiries: 020 7379 6627
Fax: 020 7386 0997
Website: www.shu-uemura.co.jp

Spectrum Oils (Essential Max)
スペクトラム・オイルズ（エッセンシャル・マックス）
Clear Spring , 19a Acton Park Estate
London W3 7QE , UK
Mail order/enquiries: 020 8746 0152
Fax: 020 8811 8893
Website: www.clearspring.co.uk

The Soil Association
ザ・ソイル・アソシエーション
Bristol House , 40-56 Victoria Street
Bristol BS1 6BY , UK
Enquiries: 0117 929 0661
Fax: 0117 925 2504
Website: www.soilassociation.org

Tom's of Maine
トムズ・オブ・メーン
PO Box 710 , Kennebunk, ME 04043 , USA
Mail order/enquiries: 001 800 775-2388
or 001 207 985-2944
Fax: 001 207 985 2196
Website: www.tomsofmaine.com

Trevarno Organic Skincare
トレヴァーノ・オーガニック・スキンケア
Trevarno Estate and Gardens
Helston , Cornwall TR13 0RU , UK
Tel: 01326 574274   Fax: 01326 574282

Tweezerman
トゥイーザーマン
c/o Luxe , 3-5 Barrett Street
London W1U 1AY , UK
Mail order: 020 7629 1234 (Selfridges)

Udo's Choice
ウドーズ・チョイス
Savant Distribution Ltd.
15 Iveson Approach , Ireland Wood
Leeds LS16 6LJ , UK
Mail order/enquiries: 0113 230 1993
Fax: 0113 230 1915
Website: www.savant-health.com

Urtekram
ウルテクラム
c/o Marigold , 102 Camley Street
London NW1 0PF , UK
Mail order/enquiries: 020 7388 4515
Fax: 020 7388 4516

Weleda
ヴェレダ
Heanor Road , Ilkeston
Derbyshire DE7 8DR , UK
Mail order/enquiries: 0115 944 8200
Fax: 0115 944 8210
Website: www.weleda.co.uk

Woodspirits
ウッドスピリッツ
Unit 42, New Lydenburg Industrial Estate
New Lydenburg Street , London SE7 8NE , UK
Tel: 0208 293 4949
Fax: 0208 293 4949

Yin Yang
ジンジャン
Unit C1 , New Yatt Centre , Witney
Oxfordshire OX8 6TJ , UK
Mail order/enquiries: 01993 868 912
Fax: 01993 868 628
Website: www.yinyang.co.uk

■ 日本の問い合わせ先

アンネマリーボーリンド
www.pilica.co.jp
ピリカ　東京本社：03-3662-4300
ピリカ　大阪支社：06-4807-3700
メールアドレス：info@pilica.co.jp

オーブリー・オーガニクス
www.mitoku.co.jp
＊通信販売あり
株式会社ミトク化粧品事業部
TEL：03-5444-6752
FAX：03-5444-6753
フリーダイヤル：0120-744-441

アヴェーダ
＊日本未発売（2001年12月現在）
インターネットでアヴェーダの商品を
通信販売しているショップがありますので、
そちらをご利用ください。

ザ・ボディショップ
www.the-body-shop.co.jp
日本国内ヘッドフランチャイジー
TEL：03-5215-6120

シュウ・ウエムラ
表参道本店
TEL：03-3486-0048

バーツビー
www.peri.co.jp
株式会社ペリ
TEL.03-3409-2868
FAX.03-3409-3039

コーダリー
ブルーベル・ジャパン
TEL.03-5413-1070

ジュリーク
www.jurlique-japan.com
＊通信販売あり
丸紅ケミックス株式会社
TEL：03-3523-3452（コスメティック部）

ラヴェーラ
www.lavera-jp.com
＊通信販売あり
ヴィトリーヌ通信販売事業部
フリーダイヤル：0120-070209

LUSH
www.lush.co.jp
＊通信販売あり
TEL.046-220-6221
フリーダイヤル：0120-125-204
フリーファクス：0120-126-204（24時間注文可）

ニールズヤード　レメディーズ
www.nealsyard.co.jp
＊通信販売あり
TEL&FAX：03-5771-2455
メールアドレス：mail@nealsyard.co.jp

オリジンズ
TEL 03-5251-3550
日本での取扱い店
伊勢丹新宿店1F
TEL：03-3352-1111

ヴェレダ
www.weleda-jp.com
株式会社 ナトゥールトレーディング
お客様相談室：0120-070601

■ スキンケア・化粧品の手作り素材を通信販売しているショップ

タックル
http://www.tackletex.com

たんぽぽ
http://tampopo1.hoops.ne.jp/

Natural-B
http://natural-b.com/

謝辞

ドーリング・キンズグリー社は、商品の貸し出しを快諾してくださった以下の化粧品メーカーに感謝いたします。

Aveda, AVD Cosmetics, 7 Munton Road, London SE17 1PR, Tel: 020 7410 1600

Damask, Unit 7, Sullivan Enterprise Centre, Sullivan Road, London SW6, Tel: 020 77313470

David Mellor, 4 Sloane Square, London SW1, Tel: 020 7730 4259

Dr. Hauschka, Unit 19/20 Stockwood Business Park, Stockwood, Worcestershire, B96 6SX, Tel: 01527 832863

Farmacia, 169 Drury Lane, Covent Garden, London WC2B 5QA, Tel: 020 7404 8808

Jurlique, Naturopathic Health & Beauty Co, Willowtree Marina, West Quay Drive, Yeading, Middlesex UB4 9TB, Tel: 020 8841 6644

Neal's Yard, 26-34 Ingate Place, Battersea, London SW8 3NS, Tel: 020 7627 1949

Origins, 73 Grosvenor Street, London W1X OBH, Tel: 0800 731 4039

Voodoo Blue, Unit 10, Brentford Business Park, Commerce Road, Brentford, Middlesex, TW8 8LG, Tel: 020 8560 7050

Woodspirits, Unit 42, New Lydenburg Industrial Estate, New Lydenburg Street, London SE6 8NE, Tel: 020 8293 4949

写真撮影に自宅を使わせてくださった次の方々にも感謝いたします。
　John Davis; Gill Dickinson; Mary-Clare Jerram and Jimmy and Denny Wade.

著者は、次の方々にお礼申し上げます。
Liz Hancock, Sally Argyle, Renée Elliot, Lynda Brown, そして Craig Sams. ありがとう。

用語解説 / glossary

化粧品ラベルに表示されている成分の一部と、化粧品に限らず幅広く使われている用語を解説します。＊表示はラテン語、英語、日本語、もしくは英語、日本語の順。

**Aesculus hippocastanum
horse chestnut**
ホースチェストナット（マロニエ、セイヨウトチノキ）
血行促進、収れん作用

**Alcohol
ethanol**
エタノール／アルコール
有効性の高い防腐剤として使用されているが、皮膚の浸透性を増し、成分を吸収しやすくする作用があるため、化学物質をも吸収しやすい状態を生み出す。

Allantoin
アラントイン
コンフリー（ヒレハリソウ）の根から作られる。皮膚の炎症を鎮め、痛みをやわらげる。

**Aloe barbadensis
aloe vera**
アロエベラ
肌を落ち着かせ、冷却する。抗炎症作用、治癒効果。

**Ananas sativus
pineapple extract**
パイナップル抽出物
マイルドなフルーツ酸を含有しており、肌を洗浄し、古い角質を落とす。

Apple cider vinegar
りんご酢
肌と髪の自然な酸性度を保ち、古い皮膚細胞を取り除く。

**Aqua
water**
水
市販の化粧品にもっとも多く使われている成分。

**Ascorbic acid
vitamin C**
アスコロビン酸／ビタミンC
天然の保存料。抗酸化作用があり、肌のpHバランスを保つ。

**Butyrospermum parkii
shea butter**
シアバター
高い保湿効果があるが、皮膚の自然な営みを妨げない。治療効果がある。

**Calcium carbonate
chalk**
チョーク
マイルドな研磨剤。

**Calendula officinalis
pot marigold**
きんせんか
炎症を抑え、ほてり、痛みを静める。過敏な皮膚にも効果的。抗菌作用。

**Cannabis sativa
hemp seed oil**
麻実油（あさみゆ）
肌と髪に有効な脂肪酸とミネラルに富む。

Cetearyl alcohol
ステアリルアルコール
天然由来のものと化学合成によるものがある。エモリエント（軟化）剤、乳化剤、増粘剤として使用される。

セチルアルコール
（参照→ステアリルアルコール）

**Chamaemelum recutita
Chamomile extract**
カモミール抽出物
鎮静作用。

**Cinnamonum zeylanicum
cinnamon oil**
シナモンオイル
殺菌、消毒効果。

Citric acid
クエン酸
pH調整剤。

**Citrus grandis
grapefruit seed extract**
グレープフルーツシード抽出物
殺菌、防腐効果。

**Citrus paradisi
grapefruit essential oil**
グレープフルーツ・エッセンシャルオイル
収れん、殺菌効果。ビタミンCが豊富。

**Citrus sinensis
orange essential oil**
オレンジ・エッセンシャルオイル
殺菌、リフレッシュ効果。

**Cocos nucifera
coconut oil**
ココナッツオイル
皮膚を柔軟にする高い効果。

**Elaeis gulneensis
palm kernel oil**
ヤシの実オイル
皮膚を柔らかく、なめらかにする。

**Foeniculum vulgare
fennel oil**
茴香（ういきょう）油
殺菌、抗菌、抗炎症作用。

Glycerin
グリセリン
植物抽出成分。湿潤剤（肌に水分を引き寄せる）、皮膚の軟化剤、乳化剤、溶剤として使用される。

**Gnaphalium leontopodium
Edelweiss extract**
エーデルワイス・エキス
抗酸化作用にすぐれ、紫外線から皮膚を守る。

**Hamamelis virginiana
witch hazel**
ハマメリス（ウィッチヘーゼル）
収れん作用。毛穴を引き締める。

**Hedera helix
ivy**
セイヨウキヅタ（アイビー）
鎮静、引き締め効果。セルライト解消に用いられる。

**Helianthus annuus
sunflower oil**
ひまわり油
軟化、潤滑効果が高い。

**Humulus lupulus
hops**
ホップ
穏やかな収れん作用。

**Lavandula angustifolia
lavender essential oil**
ラベンダー・エッセンシャルオイル
鎮静、治癒、調整、殺菌効果。敏感肌に向く。

**Melaleuca alternifolia
tea tree essential oil**
ティーツリー・エッセンシャルオイル
強力な殺菌、抗菌効果。肌、頭皮を雑菌から守る。

**Mentha piperita
peppermint oil**
ペパーミントオイル
口臭を防ぐ効果が高い。

**Montmorillonite
pink clay**
ピンククレイ
洗浄、吸収作用があり、不純物の排出に役立つ。

**Oenothera biennis
evening primrose oil**
待宵草（まつよいぐさ）オイル
オメガ3、オメガ6脂肪酸に富み、乾燥した肌に有効。

**Olea europaea
olive oil**
オリーブオイル
肌を柔らかくなめらかにする。毛幹を強化する効果もある。

**Pelargonium graveolens
geranium essential oil**
ゼラニウム・エッセンシャルオイル
あらゆるタイプの肌のバランス調整に有効。

**Persea gratissima
avocado oil**
アボカドオイル
ビタミンD、E、ベータカロチンが豊富。肌を柔軟にし、水分を補給し、保湿し、栄養を与える。

**Prunus armeniaca
apricot seed oil**
アプリコットシード・オイル
肌をなめらかにし、栄養を与える。

**Rose spp.
extract of damask, centifolia, and/or gallica roses**
ダマスクローズ、センティフォリアローズ、ガリカローズの抽出物
肌の自然な水分バランスの維持に役立つ。特に、肌が赤みを帯びて、かゆみのあるときや、年齢を重ねた肌に効果的。

**Rosmarinus officinalis
rosemary essential oil**
ローズマリー・エッセンシャルオイル
肌を爽快にし、刺激と活力を与える。頭皮のトラブルに効果的。

**Salvia officinalis
sage**
セージ
収れん、殺菌効果。

**Santalum alba
sandalwood essential oil**
サンダルウッド／白檀
あらゆるタイプの肌に向く。特に、年齢を重ねた肌、乾燥肌、かさついた肌に効果的。

**Sodium hydoroxide
caustic soda**
苛性ソーダ
石けんに不可欠な成分。

**Triticum vulgare
wheatgerm oil**
小麦麦芽オイル
ビタミンEを豊富に含み、乾燥肌にたいへん効果的。

**Unicaria tomentosa
cat's claw**
キャッツクロー（猫の爪）
皮膚の自然な免疫システムに働きかける。敏感肌に効果的。

**Vitis vinifera
grapeseed extract**
グレープシード抽出物
マイルドなフルーツ酸で、肌の古い角質を落とし、肌の洗浄に役立つ。

Titanium dioxide
二酸化チタン
紫外線フィルターとして、皮膚から太陽光線を跳ね返す。

Zinc oxide
酸化亜鉛
紫外線フィルターとして働く。

索引 / index

あ
アイライナー　54
亜鉛　66, 67
足　102-5
足の爪　104
汗　118-9
アボカドパック、髪用　83
アポクリン腺　118
甘皮　97, 100, 104
アルコール　22
アルミニウム　46
アロエジェル　38
イソプロピルアルコール　16
遺伝子組み替え作物　15
運動　70
　緊張をほぐす手のエクササイズ　94-5
エアゾールタイプのデオドラント剤　119
栄養不足と髪　91
塩素から髪を守る　77, 82
オイリーヘア　78
　ハーブリンス　79
オイル　19
　バスオイル　109, 111
　ヘッドマッサージ　88, 89
　ボディオイル　114-5
　モイスチュアライザー　32, 33
　冬の手を守る　97
オメガ脂肪酸　67

か
顔
　スキンケア　20-33
　パック　40-1
　マッサージ　42-3
香り　120-1
　合成香料　16
　シャンプーの　77
滑石　46-7, 114
カフェイン　73
髪　75-91
　カラーリング　80-1, 84-7
　紫外線によるダメージ　77, 82
　食事と　90-1
　ダメージヘアのケア　78-9
　頭皮のマッサージ　88-9
　ドライヘアのケア　80-1
　ノーマルヘアのケア　82-3
　の分析　91
　ブラッシング　90
カラーリング
　髪　80-1, 84-7
　まつげ　54
乾燥肌　25, 26
　モイスチュアライザー　33
　洗顔　28
　手　97
喫煙　22
きんせんか軟膏　27
首
　首すじしっとりオイル　27
　たるんだ首を引き締めるパック　41
クランベリージュースの光沢剤　86
黒っぽい髪に向くリンス　86-7
月経前症候群　67
コーラ　73
コールタール　46
公害　22, 66
抗酸化物質　66
口臭　62-3
香水　120-1
鉱物顔料　47
鉱物油　17, 28
コットン　29
コロン　121
混合肌 →脂性乾燥肌
コンシーラー　48
コンディショナー　76, 77

さ
ささくれ　97
殺虫剤　29, 38-9, 66
サンスクリーン　35-7, 56
サンブロック　36
GMO　15
シェービング　119
紫外線　35, 36, 66
　髪のダメージ　77, 82
　肌のダメージ　22, 66
色素、化粧品に含まれる　16, 46, 47, 58
色素、メイク用品の　46, 47
脂性乾燥肌　25
脂性肌　25, 26
　洗顔　28
　パウダー　48-9
　パック　41
　フェイシャルオイル　27
歯肉炎　60
脂肪、食事に含まれる　66, 67
シャンプー　76-7
　オイリーヘア　78
　ドライヘアとカラーリングヘア　80
　ノーマルヘア　82
ジュース　68-9
　スーパー美肌ジュース　69
充血　52-3
重曹の歯磨き粉　62
収れん化粧水　28-9
シュガーリング脱毛　119
食事　66-9
　と爪　99
　と髪　90-1
しわ　41
　しわ対策パック　41
スキン・トニック、肌を穏やかにする　31
ストレス　72, 88
　緊張をほぐす手のエクササイズ　94-5
スパ　116-7
制汗剤　118-9
石油化学製品　17, 28
石けん　28, 109
ゼラニウムのボディパウダー　115
セルライト　112
セレン　66
洗顔　28-30
洗浄剤　76-7
ソルト・スクラブ　113

た
タオル　117
タオルドライ　82
脱毛　119
チークカラー　50-1
疲れ目　52
つぼマッサージ　42-3, 102-3
爪　95, 96
　甘皮ソフナー　97
　強化剤　99
　爪のようにタフなアロマセラピーオイル　97
　と食事　99
　ネイルカラー　96, 98-9, 100-1
　のケア　100-1
　フットケア　104
手
　乾燥した　97
　緊張をほぐすエクササイズ　94-5
　スキンケア　96-7
　爪のケア　98-101
　ネイルカラー　96-101
　マッサージ　96-7
　を明るくするパック　40-1

DEA ほか
DEA　16
ディート／DEET　39
デオドラント　118-9
頭皮
　オイリーヘアのケア　78
　シャンプー　76
　フケ　78-9
　マッサージ　78, 82, 88-9
動物実験　14-5
ドライアイ　52
ドライヘア　80-1
ドライヤー　82
トラブル肌　25
フェイシャルオイル　27
ラベンダー・フレッシュナー　31
トリートメント、やせてきた髪のための　79

な・は
ニキビ　67
乳化剤　32
ネイルリムーバー　96-7, 99
年齢を重ねた肌　26
をなめらかにするオイル　27
パウダー
　ボディパウダー　114, 115
　メイクアップ　48-9
バスオイル　109, 111
　リラックス効果満点の　111
バスソルト　111
バスバッグ　110-1
　夏向きの　111
肌
　整肌　28-9
　洗顔　28-30
　と運動　70
　と食事　66-9
　肌質　25
　ハンドクリーム　96-7
　美肌の敵　22
　フェイスパック　40-1
　プロテクター　23
　ボディスクラブ　112
　ボディパウダー　114, 115
　モイスチュアライザー　32-3
肌のダメージ　22, 66
パック　40-1
　肌を明るくする　40-1
　冬の乾燥に効く脚の　105
パッケージ　14
パッチテスト　19
バナナのヘアパック　81
歯磨き　60-3
パラフィン　16
パラベン　11, 16
ビートの根のチーク・ティント　50-1
ビタミン　23, 66, 67
必須脂肪酸　66, 67
日焼け　38
敏感肌　24, 25
　きんせんか軟膏　27
　洗顔　28
ファンデーション　48-9
フィルター、水の　72-3
フェイス →顔
フェロモン　118
フケ　78-9
フッ素入り歯磨き　61
フットケア　102-5
フットトニック、ローズマリーとミントの　105
フットバス、石を敷いた　104
ブラシ、メイク用　54
ブラッシング
　ヘア　90
　ボディ　112-3
ブリーチ　84
プロピレングリコール　16
ブロンズ色のパウダー　49
ブロンド用リンス　87
ベータカロチン　66
ヘア →髪
ベジタブル・ダイ　85
ヘッドマッサージ　88-9
ペトロラタム →ワセリン
ヘンナ　86
保存料　10-1, 16
ボディオイル　114-5
ボディスクラブ　112-3
ボディパウダー　114, 115
ボディローション　108
ボラージュオイル　23
ホルムアルデヒド　16, 99
ホルモン　26, 118

ま
マウスウォッシュ　62
マスカラ　54
まつげ
　カラーリング　54
　マスカラ　54
マッサージ
　脚　102-3
　顔　42-3
　手　96-7
　頭皮　78, 82, 88-9
マニキュア　98-101
まぶたの腫れ　52, 53
まゆ　54, 55
まゆげの抜き方　55
水
　浄水装置　61, 72-3
　飲み水　72-3
　フッ素　61
虫さされ　39
虫よけスプレー　38-9
目
　アイメイク　54-5
　充血　52-3
　疲れ目　52
　ドライアイ　52
　まぶたの腫れ　52, 53
メイクアップ
　アイメイク　54-5
　成分　46-7
　パウダー　50-1
　ファンデーション　48-9
　ブラシ　54
　リップメイク　56-9
メチルイソチアゾリノン　16
メディテーション　121
免疫システム　46
綿のタオル　117
モイスチュアライザー
　スーパーリッチな　33
　ハンドケア　96, 97
　フェイスケア　32-3
　リップバーム　56, 57
モスリンの布　29

や・ら・わ
やけど、アロエジェル　38
野菜ジュース　68-9
有酸素運動　70
遊離基　66, 70
ラウリル硫酸ナトリウム　16, 76-7
ラベル　12, 14, 16
リップケア　56
リップメイク　56-9
リラクセーション　121
リンパ系　112
レシチン　23
老化　26, 42
ワセリン　17

産調出版の本

ザ・ボディショップの「メイクアップ」
あなたの個性を引き出す最新テクニック

スキンケアの基本から爽やかな顔を作る方法まで、誰にでもできる実践的な美容法。
落ち着いたマットメークから輝くパールメークまでの、あなたを自然に輝かせるメーク方法と、唇からまつ毛までパーツごとのメークの基礎を紹介します。

バーナディン・ビビアーノ著
本体2,800円

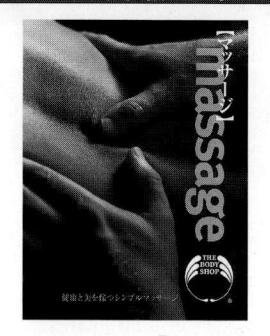

ザ・ボディショップの「マッサージ」
手で触れることに秘められた力

誰もが直面している日常のストレスや疲労に対する簡単な対処法。
20の場面に分類されたマッサージを美しい写真と共に順を追ってわかりやすく解説し、パートナーと一緒でも一人でも楽しめます。

モニカ・ローズベリー著
本体価格　2,800円

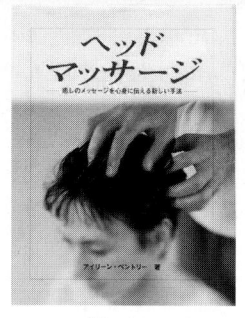

ヘッドマッサージ
癒しのメッセージを
心身に伝える新しい手法

心身の解毒、リラクゼーション、ヒーリング、活力回復を促すヘッドマッサージ。美容師・理容師さんのエクストラサービスにも最適。

アイリーン・ベントリー著
本体価格　2,600円

顔の若さを保つ
わずか10分間で加齢に立ち向かう
テクニックのいろいろ

顔についてあらゆる角度からとりあげた初めての本。10代～50代の各年代の肌の現状に即したケアの方法を解説。美容整形の種類と効用、有効期間を収録。

テッサ・トーマス著
本体価格　2,620円

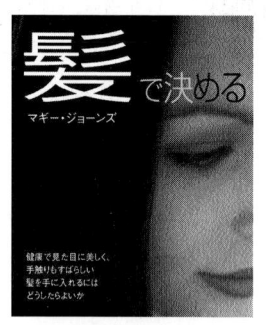

髪で決める
健康で見た目に美しく、
手触りも素晴らしい髪を手に入れるには

本書は、髪のあらゆる問題を取り上げ、洗髪からコンディショニング、カット、カラーリング、パーマに至るまで、先入観のないアドバイスをすることによって、自然なつやのある健康な髪を手に入れるお手伝いをします。

マギー・ジョーンズ著
本体価格　2,400円

ヒーリングドリンク
心と体を癒してくれるヘルシーな
飲み物で健康的に美しく！

心と体においしい世界の飲み物を集めた新感覚のレシピ集。ページを開けば、美容と健康に効き、気持ちを明るくし、さまざまな病気や不快を癒してくれるレシピがきっと見つかります。

アン・マッキンタイア著
本体価格　2,800円

オーガニック美容法

発　　行	2002年6月20日
本体価格	2,600円
発行者	平野　陽三
発行所	産調出版株式会社
	〒169-0074
	東京都新宿区北新宿3-14-8
	ご注文　TEL.03(3366)1748　FAX.03(3366)3503
	問合せ　TEL.03(3363)9221　FAX.03(3366)3503
	http://www.gaiajapan.co.jp

著　者 ── ジョゼフィーン・フェアリー (Josephine Fairley)
翻訳者 ── 今井　由美子（いまい　ゆみこ）
広島女学院英米文学科卒業。訳書に『木のヒーリング』、『自宅の書棚』、『ワーキングウーマンのための出産ガイド』（産調出版）ほか。

Copyright SUNCHOH SHUPPAN INC. JAPAN 2002
ISBN 4-88282-282-2 C0077
落丁本・乱丁本はお取り替えいたします。

Printed and bound in Italy